古都大津・歴史シンポジウム

近江・大津になぜ都は営まれたのか

―大津宮・紫香楽宮・保良宮―

発刊にあたって

大津市は平成十五年十月十日、豊かな自然や貴重な歴史的文化遺産を国民の共有財産として守り、後世に継承していくことを目的として制定された「古都保存法」による、全国で十番目の国の古都指定を受けました。そして、この指定を契機に、歴史的風土の保存計画を進め、古都大津にふさわしい景観を創造し、市民の誇りとなる豊かなまちづくりをめざしたいと考えています。

大津市歴史博物館では、この古都指定を記念して、同年十一月二十二日、大津市生涯学習センターにおいて、財団法人滋賀県文化財保護協会の共催、滋賀県教育委員会・信楽町教育委員会・NHK大津放送局・京都新聞滋賀本社の後援により、古都大津・歴史シンポジウム「近江・大津になぜ都は営まれたのか―大津宮・紫香楽宮・保良宮―」を開催しました。これは、近年、大津市・滋賀県で、聖武天皇の禾津頓宮跡と見られる遺跡や紫香楽宮の遺跡など、古代の都に関連した重要な発掘成果が相次いでいるところから、これらの新発見を機会に、その発掘成果をもとにした歴史シンポジウムを開催し、大津宮・紫香楽宮・保良宮と、たびたび大津・近江に都が移された謎をさぐり、日本古代の歴史のなかで、大津が、「古都」と呼ぶにふさわしい歴史豊かな地であることを明らかにしようとしたものです。

シンポジウムでは、大津宮跡・推定保良宮跡・推定禾津頓宮跡・紫香楽宮跡等の遺跡についての最新の調査事例を、大津市教育委員会・滋賀県文化財保護協会・信楽町教育委員会の各発掘担当者の方々から紹介していただくとともに、井上満郎（京都産業大学教授）・林博通（滋賀県立大学助教授）・栄原永遠男（大阪市立大学大学院教授）・金田章裕（京都大学大学院教授・副学長）の各先生に、近江・大津の古代宮都の構造や歴史と特質等を、歴史・考古・地理学等の各専門の立場からご講演いただきました。講演では、近江遷都の理由について、朝鮮半島との国際関係の重視や東山道の重要性など、注目すべき見解を多くご発表いただきました。

本書は、このシンポジウムの内容をより多くの方々に知っていただくため、講演記録に加筆・訂正いただき、関係資料も付して一冊としたものです。本書が、「古都大津」の豊かな歴史に親しんでいただき、歴史的文化遺産の大切さを知っていただくきっかけとなれば幸いです。

最後になりましたが、シンポジウムの開催並びにこのシンポジウム記録集の作成に際し、格別のご協力を賜りました、講師の先生方をはじめ関係機関・関係各位に厚くお礼申し上げます。

平成十六年三月

大津市歴史博物館

〔凡　例〕

●本書は、平成十五年十一月二十二日開催の古都大津・歴史シンポジウム「近江・大津になぜ都は営まれたのか―大津宮・紫香楽宮・保良宮―」の講演記録集である。

●本書の作成にあたっては、シンポジウムに出講いただいた須崎雪博・大崎哲人・鈴木良章・井上満郎・林博通・栄原永遠男・金田章裕の各氏（掲載順）のご協力を得た。

●写真・図・表の掲載については、滋賀県教育委員会・財団法人滋賀県文化財保護協会・信楽町教育委員会・大津市教育委員会、並びに井上満郎・林博通・金田章裕の各氏のご協力を得た。

●収載内容のうち、「調査事例報告」については、紙幅の都合等により、報告内容を簡略にまとめていただき、写真等も主要な一部に限って掲載した。

●報告・講演で例示された写真・図・表については、本文中に適宜挿入し、本文の該当部分に、丸カッコでその写真・図・表番号を記した。なお、写真・図・表の出典・所蔵等は、巻末の「写真・図・表一覧」に一括して示した。

●報告・講演で引用された文献史料は、巻末にほぼ年代順に掲載し、本文の該当部分に丸カッコでその史料番号を記した。

目次

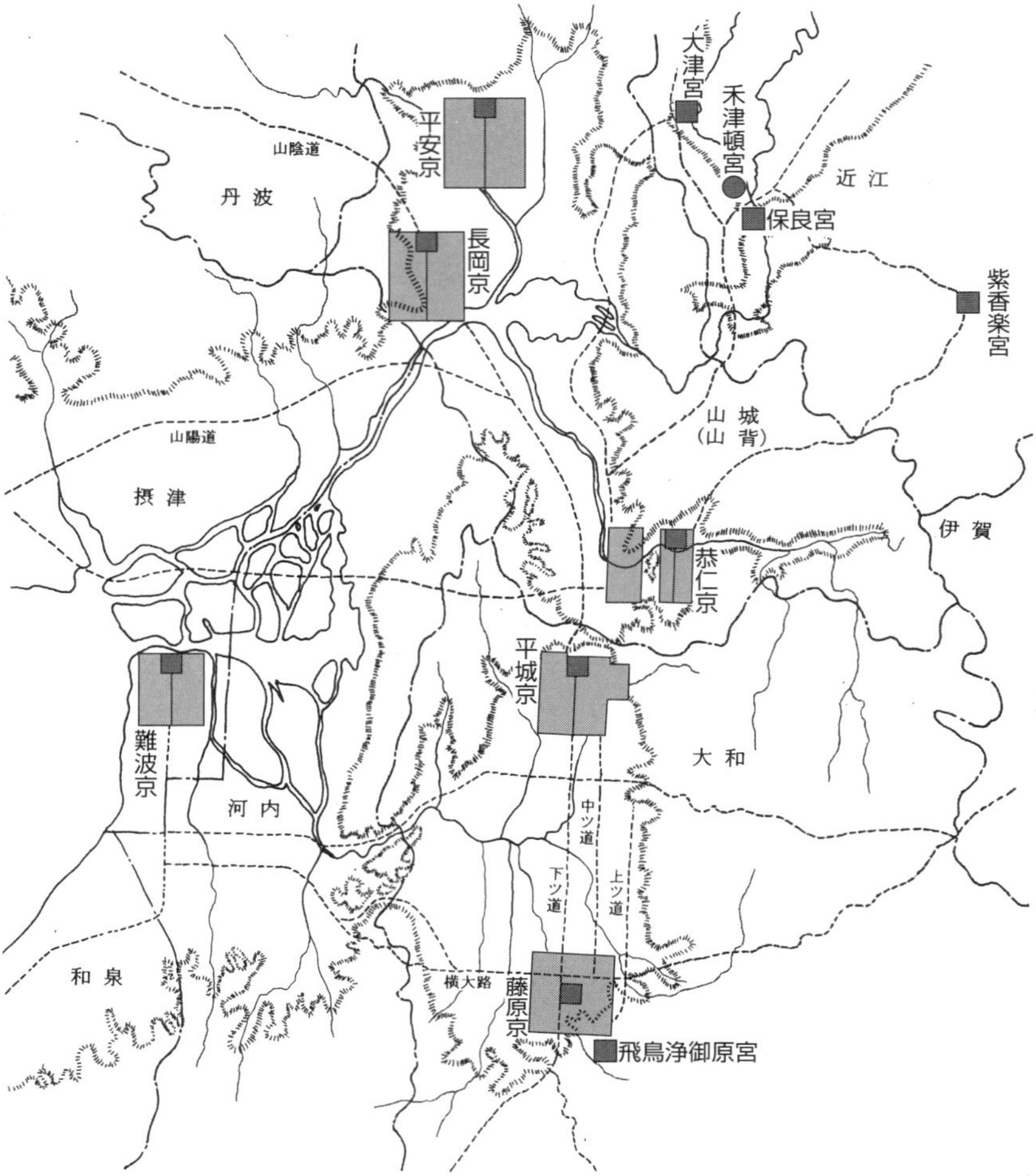
平安京
山陰道
丹波
長岡京
大津宮
禾津頓宮
近江
保良宮
紫香楽宮
山陽道
摂津
山城
（山背）
伊賀
恭仁京
平城京
難波京
大和
河内
中ツ道
下ツ道
上ツ道
和泉
横大路
藤原京
飛鳥浄御原宮

古代宮都の位置図

調査事例報告

調査事例報告1

近江大津宮錦織遺跡（大津宮）石山国分遺跡（保良宮）

大津市教育委員会文化財保護課主幹／須崎雪博

大津宮《おおつのみや》については長い研究史があり、大体四時期に分かれるかと思われます。

第一期は、江戸時代の享保年間（一七一六～三六）、膳所《ぜぜ》の儒学者であった寒川辰清が著わした『近江與地誌略《おうみよちしりゃく》』の中に大津宮の所在論というものがありますが、この時には著者本人は、所在地の結論までには至っていなかったようです。

第二期は、明治後期頃で、小字名を手掛かりとし、大津宮の所在論が展開されました。

第三期は、昭和になってからで、考古学的な発掘調査をもとに、遺構とか遺物を用いて実証的な研究が行われるようになりました。南滋賀町廃寺《みなみしがちょうはいじ》跡、崇福寺《すうふくじ》跡といった大津宮と深いかかわりのある寺院跡の発掘調査が代表的なものですが、その時も宮の所在地確定までには至りませんでした。

昭和四十九年（一九七四）、錦織《にしこおり》二丁目の字「御所ノ内《ごしょうち》」で巨大な柱跡が見つかりましたが、それ以降、今日の講師の一人であります林先生を中心にして、錦織・南志賀・滋賀里《しがさと》・穴太《あのう》等で大小一〇〇件以上の調査が行われました。その結果、錦織で直接的な建物等の跡がいくつか見つかり、宮の所在地が明らかになり、また、どのような構造であったのかということが徐々に分かってきましたが、この昭和四十九年以降が、第四期になります。

本日は、古いものはすでに二十年以上も経っているものもありますが、昭和四十九年以降の第四期の発掘調査で発見された大津宮に関係した建物跡を中心して、大津宮像を紹介していこうと思います。

大津宮跡の調査については、禾津頓宮《あわづのとんぐう》や紫香楽宮《しがらきのみや》関係の宮町《みやまち》遺跡のように、広範囲で掘ったとか、継続的に調査を続けているような状況ではなく、民家の建替えとか、わずかに残った空地を借りながらやっていますので、全容が解るまでには、もう少し時間がかかると思いますが、調査の現状と調査によって得られた資料からどのような構造が考えられるのかということを知っていただければありがたいと思います。

大津はこのように南北に細長く伸び、琵琶湖に沿って拓《ひら》かれた「まち」です。写真1は、大津市域を瀬田丘陵から北西の方向を撮ったもので、大津宮は、近江神宮の森が湖岸に向かって張り出した南側に位置しています。また、推定保良宮《ほらのみや》は、石山高校と晴嵐《せいらん》小学校に挟《はさ》まれ、新幹線と名神高速道路に沿った台地にあったものと考えられています。さらに、禾津頓宮は、膳所城跡の

写真１　大津市域の航空写真

西側に位置しています。

大津宮にかかわる直接的な遺構の最初の発見は、昭和四十九年に錦織地区において実施された最初の発掘調査で発見された大きな掘立柱《ほったてばしら》建物跡で、内裏《だいり》南門とされるものです（図２・写真２）。「大津宮中枢部（内裏）推定復原図」（図１）に第一地点と示されているのが、それです。その門には、第一〇地点で検出した回廊《かいろう》跡に続く複廊となる回廊（ＳＣ〇〇一）が取り付いていました。この門に使われた柱は、壬申《じんしん》の乱の後、都《みやこ》が再び飛鳥《あすか》に戻りますが、その際に抜き取って持っていったようです。

その後、この門の跡を中心とした北側の内裏地区で宮跡に係る建物、塀《へい》跡などの遺構が発見されました。以下発見された主な遺構の紹介をします。

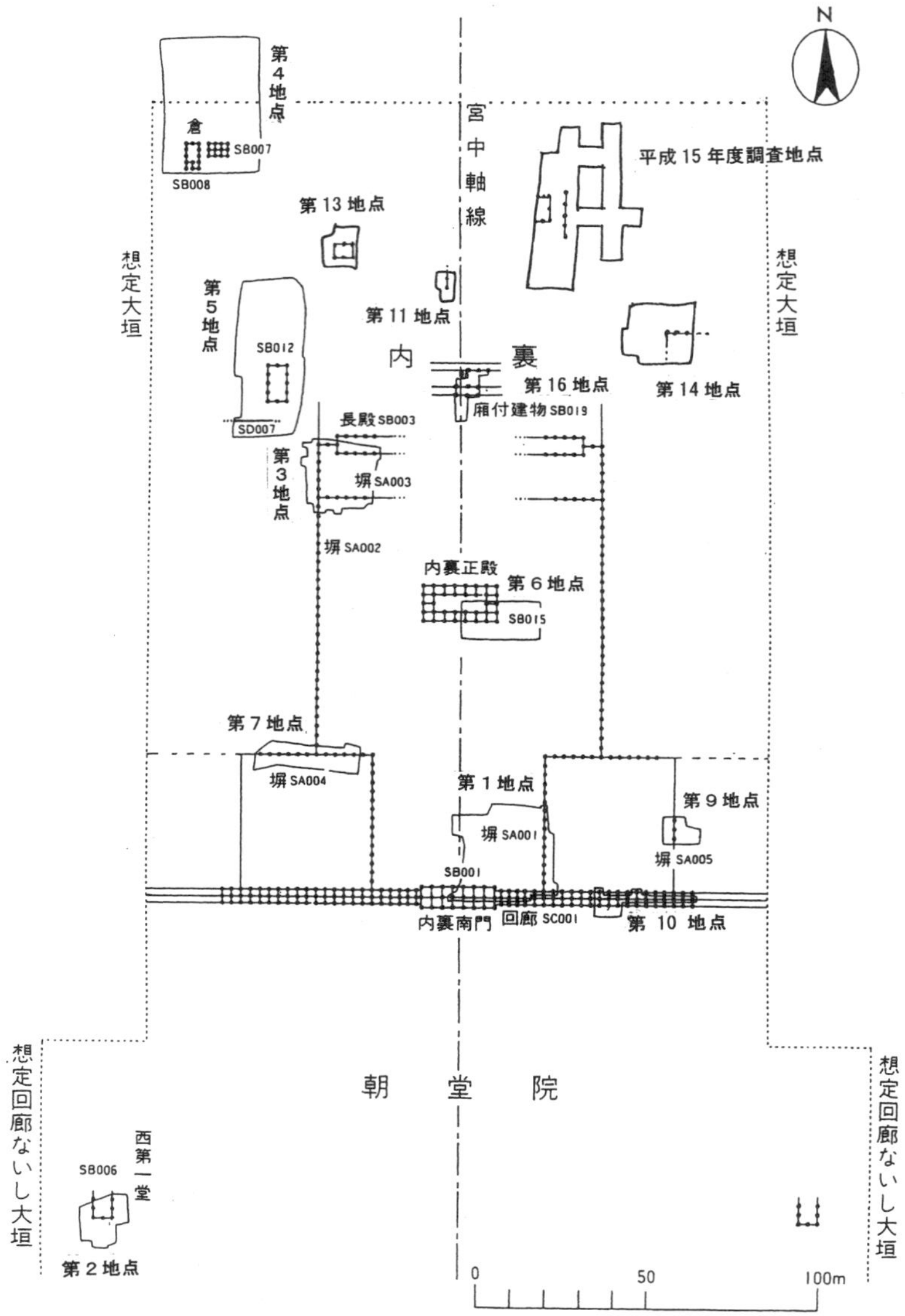

図1　大津宮中枢部（内裏）推定復原図（林博通復原制作に加筆）

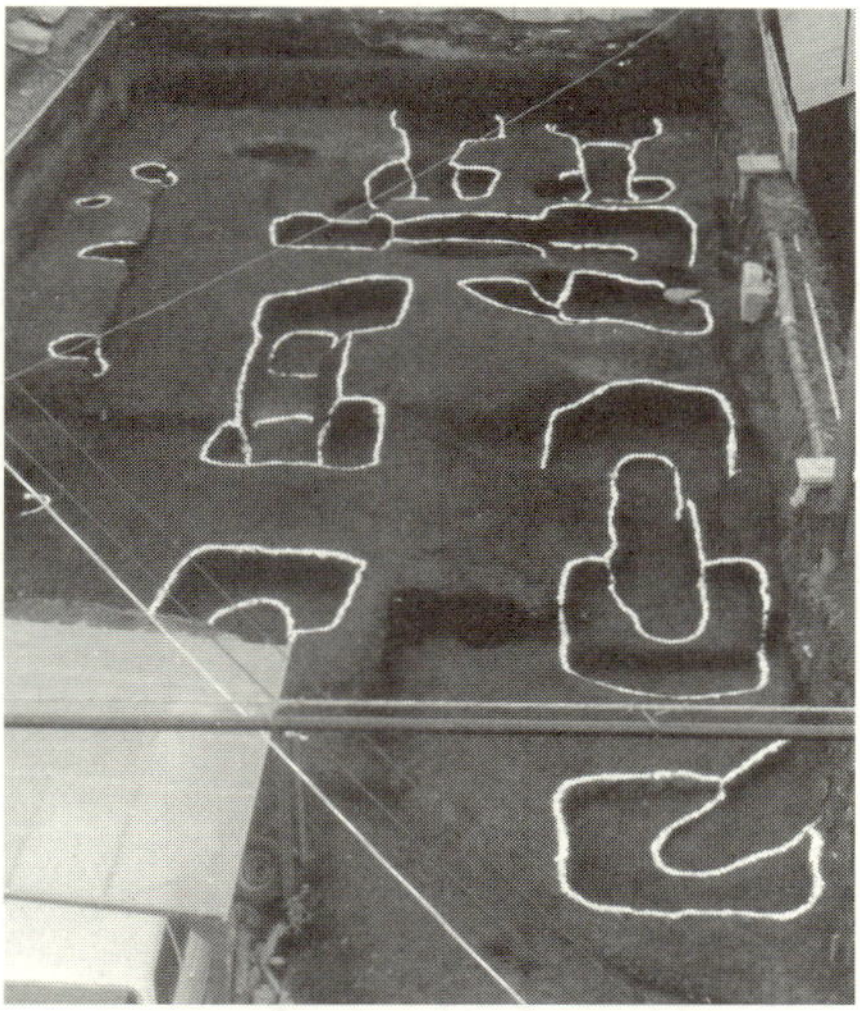

写真２　錦織遺跡第１地点検出遺構（内裏南門）

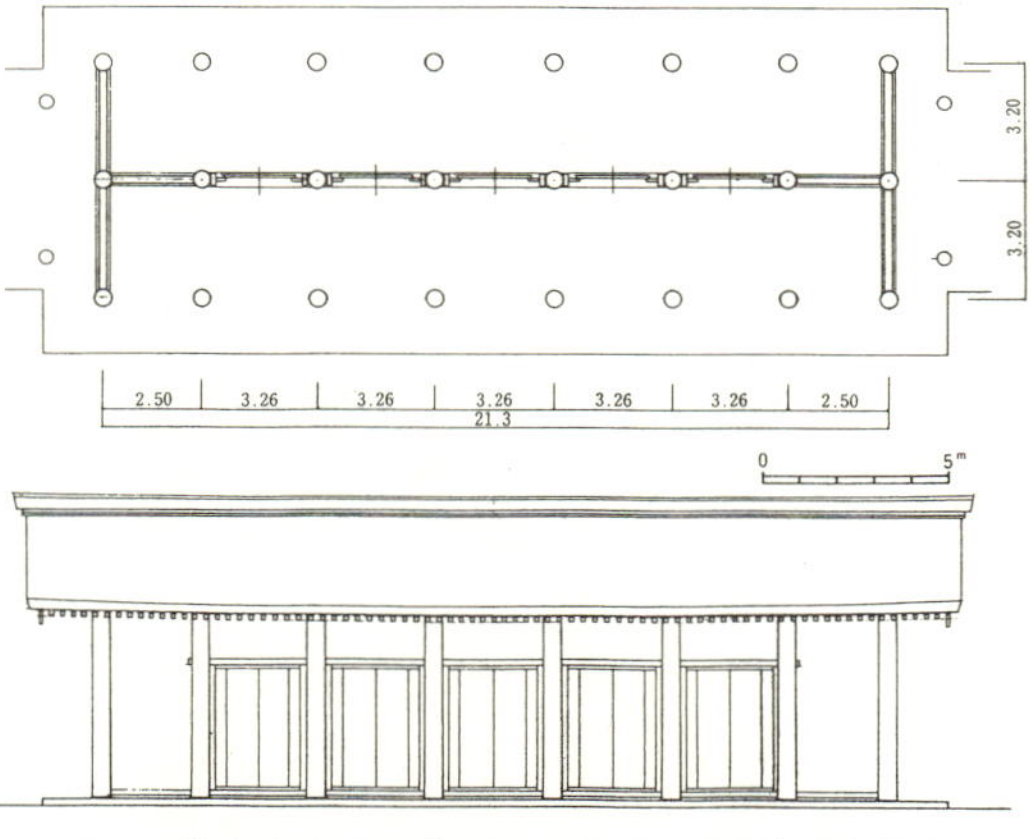

図２　推定内裏南門復原図（岡田英男復原制作）

写真3　錦織遺跡第6地点検出遺構（内裏正殿）

最初は、回廊跡と塀跡（ＳＡ〇〇一・〇〇五）に囲まれた空間の確認です。図1のように、門に取り付く回廊とそれから北に伸びる塀に囲まれていました。

写真3は、宮の中心となります第六地点発見の内裏正《せい》殿《でん》跡の南東コーナー部分で、全体的には、二間×五間の身舎《もや》の四面《しめん》に廂《ひさし》の付く掘立柱建物で、残念ながら正殿の大部分は調査区の外にあり、全体像は解りませんが、復原案として図3のような建物が考えられています。

この正殿の北側、第一六地点にも正殿に匹敵するような廂付き掘立柱建物跡（ＳＢ〇一九）が見つかっています（写真4）。この建物も一部が確認されているだけですが、正殿と同様な建物像が復原できるものと思われます。

この他にも第三地点では、二間×四間以上の東西棟の掘立柱建物跡（ＳＢ〇〇三）と塀跡（ＳＡ〇〇二・三）が、第四地点では、総柱の倉庫跡が二棟（ＳＢ〇〇七・ＳＢ〇〇八）、第九地点では、第一地点発見の塀跡と東側に相対して位置する塀跡（ＳＢ〇〇五）が、第五地点で

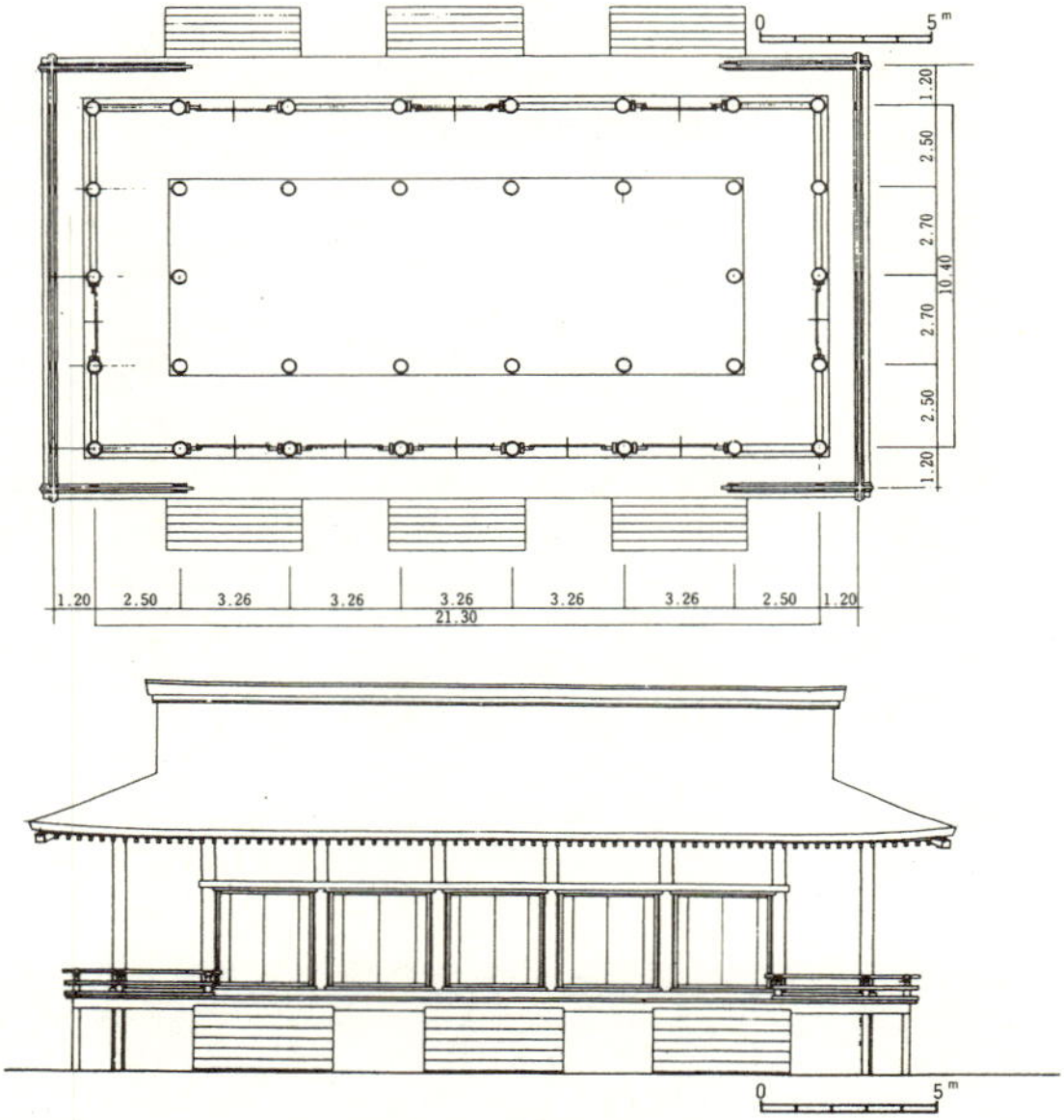

図3　推定内裏正殿復原図（岡田英男復原制作）

は、南北棟の二間×四間の掘立柱建物跡と石敷溝（SB〇一二・SD〇〇七）が、第七地点では、東西方向の塀跡（SA〇〇四）が、第十一地点では柵跡が、第十三・十四地点では、それぞれ掘立柱建物跡が見つかっています。

次に、平成十五年度に久しぶりに近江大津宮錦織遺跡の確認調査をして、新たに大津宮にかかわりのある遺構が発見されましたので、ここで紹介しておこうと思います。

その一つは、一メートルくらいの柱の掘り方を持った掘立柱建物跡とそれよりは大きめの掘り方の塀跡が見つかったことです（写真5）。さ

写真４　錦織遺跡第16地点検出遺構（正殿北方建物）

写真５　掘立柱建物跡及び塀跡（平成15年度調査）

らに、大津宮以前に流れていた河川跡で、宮を造る際の造成時に埋め立て、整地され、北側に付け替えたのだろうというものを確認しました。さらに、大津宮跡の下層の状況の一部が分かったということです。というのは、錦織遺跡の大津宮にかかわる部分については、大津宮の下層についてなかなか調査ができないという問題があるのですが、大津宮に遷都《せんと》がなされる直前くらいの時期の竪穴住居《たてあな》が見つかったということで、その時期の錦織に一般の集落があったことが分かりました。

これらのことや周辺の過去の調査結果及び調査地点やその周辺の「字」名等から、大津宮の内裏については、南北が、この調査地点の北を北限として、内裏南門から約二四〇メートル、東西が、地形的な点から判断して、南門を中心に約二〇〇メートル範囲で、宮というものが基本的に中心軸を中心にして左右対称に造られることから、現在のところ図1のような建物配置であったであろうことが考えられます。なお、政治の実務を行った朝堂《ちょうどう》の部分については、南北棟の掘立柱建物が一ヵ所で見つかっているだけで、どのような形態であったのかは、よく分かっていません。

以上、大津宮の内裏を中心とした構造を説明しましたが、宮を含む大津京《おおつきょう》像というのは、どういうものかということは、まだはっきりしませんが、古道の大津への入り口に、穴太廃寺・崇福寺・南滋賀廃寺・園城寺《おんじょうじ》前身寺院といった白鳳期《はくほう》に営まれていた古代寺院があったことが明らかになっていることから、その内側が、現在、大津京の範囲であろうと考えられています。

続いて保良宮《ほらのみや》について話を進めたいと思います。この宮は、平城京《へいじょうきょう》の陪都《ばいと》あるいは離宮《りきゅう》とされるものですが、まだ、所在地の確定がなされているわけではありません。しかしながら、『日本大蔵経小乗律章疏一』に「随駕往保良宮住国昌寺」といった記事があることや最近実施された発掘調査によって、保良宮といって良い場所がわかってきましたが、それが石山国分《いしやまこくぶ》遺跡です。

この石山国分遺跡は、瀬田川西岸の通称国分台地と呼ばれ、周辺とは約一〇メートルの比高差のある晴嵐《せいらん》小学校付近一帯の丘陵上に位置しています（図４）。

この遺跡については、過去に数回発掘調査が実施されていますが、本日、お話するのは、平成三年から四年にかけて大津市教育委員会が実施した発掘調査で、多数の遺構を検出し、大量の瓦や土器などの遺物が出土しました。その遺構配置図は、図５のとおりです。検出

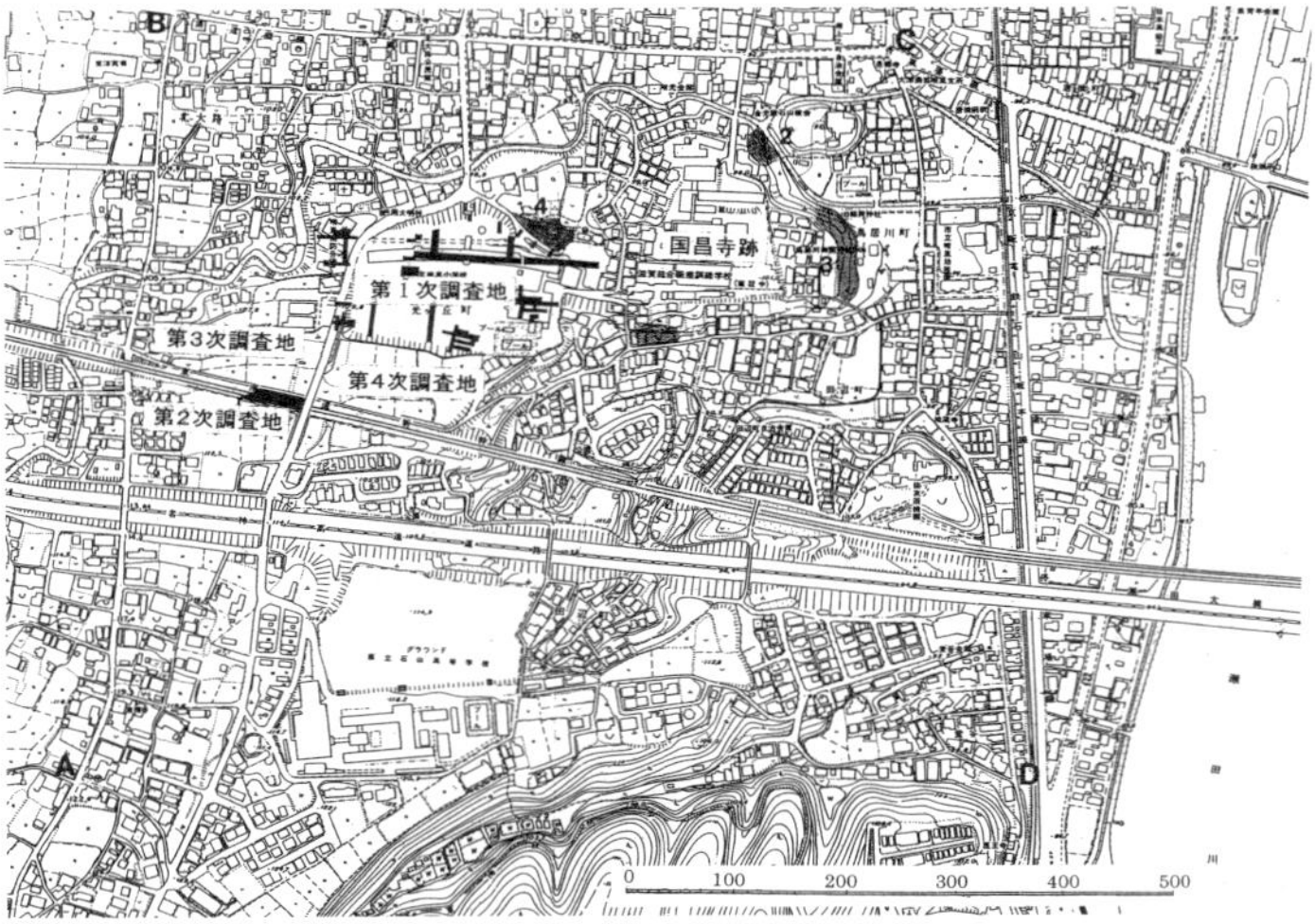

図４　石山国分遺跡の周辺地形図

図5　石山国分遺跡（推定保良宮跡）遺跡配置図

された遺構は、二条一組をセットとした平行する溝跡で、東西南北の方位に沿って整然と掘られていました。これは土を固めて作った築地塀《ついじべい》の雨落ち溝です（写真6）。また、築地と築地の間は、雨落ち溝の間隔よりも広いことから道路跡と見られています。さらに、築地の内側に当たる部分で検出された掘立柱建物の中には、築地の方位と同じものがあり、塀に囲まれた邸宅の一部であろうと見られます。

雨落ち溝からは、大量の瓦が出土していますが、これらの瓦は、保良宮が造営される少し前に平城宮《へいじょうきゅう》の宮殿に使用された瓦（学術的には、軒丸瓦《のきまるがわら》六二三五B形式と軒平瓦《のきひらがわら》六七六三A形式と呼ばれるもの）（図6）と同じ型で作られたもので、これらのことから、検出された遺構は、保良宮にかかわりのある建物跡と考えられ、この地に保良宮があったことは間違いないと思われます。

以上簡単ですが、大津宮と保良宮の調査事例報告とさせていただきます。

写真６　石山国分遺跡の築地塀と雨落ち溝

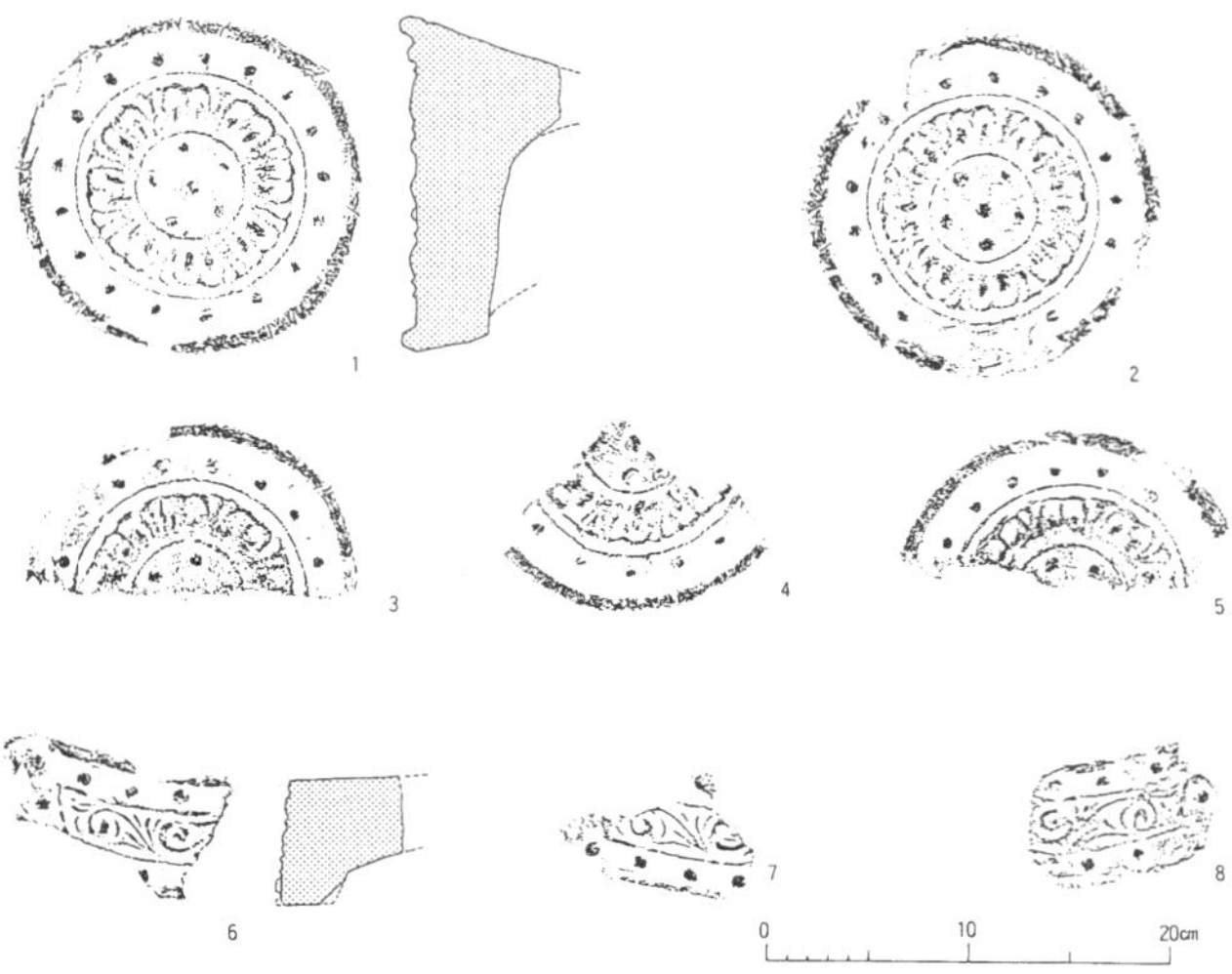

図６　推定保良宮使用瓦拓影

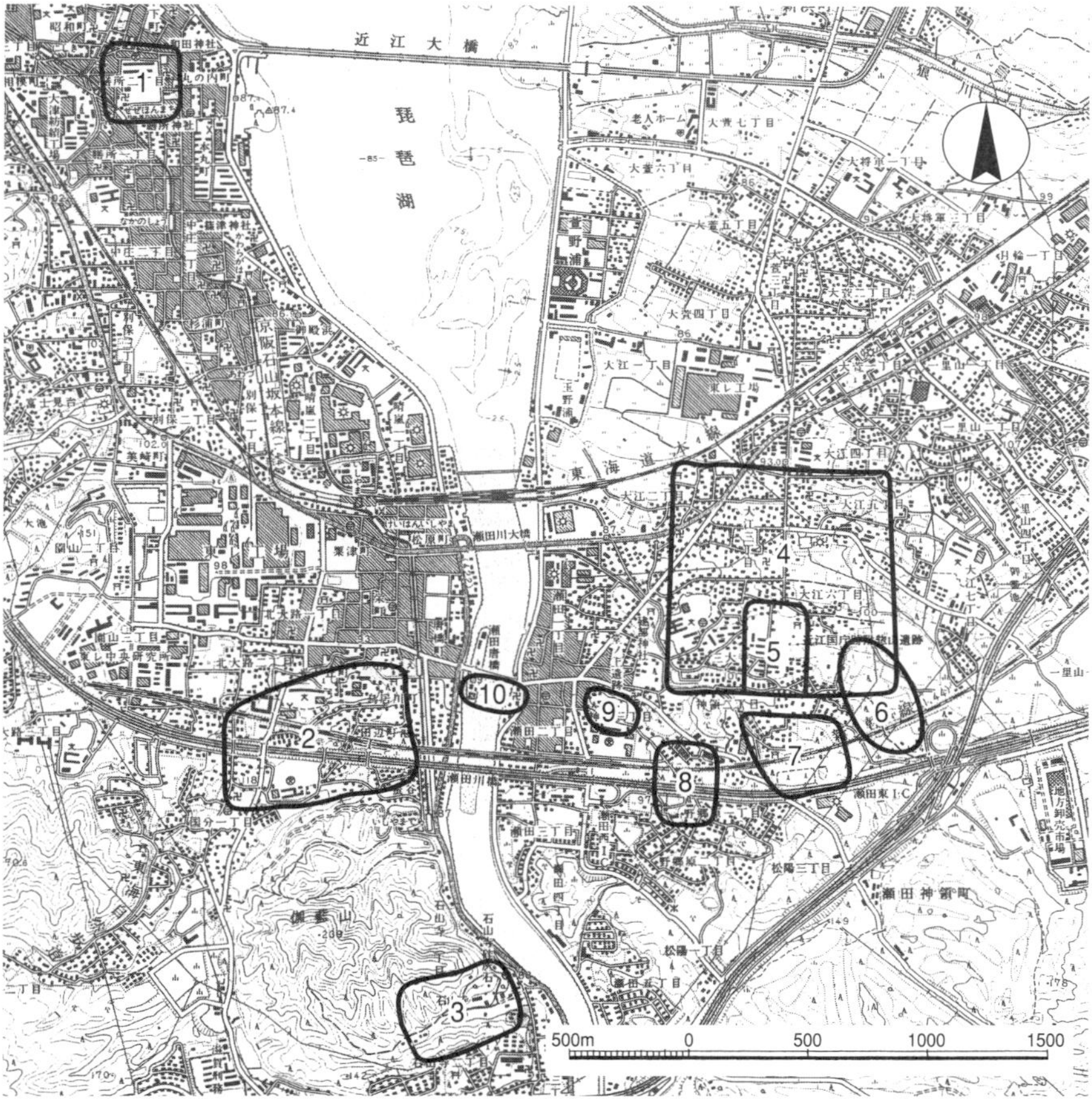

図７　膳所城下町遺跡と石山国分遺跡の位置と周辺主要遺跡

1．膳所城下町遺跡（推定禾津頓宮跡）

2．石山国分遺跡（推定保良宮跡）

3．石山寺境内遺跡　　4．近江国府跡　　5．近江国庁跡

6．惣山遺跡　　7．青江遺跡　　8．瀬田廃寺跡

9．堂ノ上遺跡　　10．唐橋遺跡

調査事例報告2

膳所城下町遺跡（禾津頓宮）

滋賀県文化財保護協会企画調査課主任／大﨑哲人

膳所《ぜぜ》城下町遺跡の発掘調査は、滋賀県立膳所高等学校の校舎改築計画に先立ち、平成十四年（二〇〇二）年四月からほぼ一年間をかけて実施しました。当時のグラウンドのほぼ全域を調査し、七世紀後半から近代に至るまでの遺構や遺物が確認され、奈良時代の遺構に関しては二つの成果が得られています。一つは、古代の宮殿や寺院、役所の中心的な建物に採用されるような格式の高い構造の大型掘立柱《ほったてばしら》建物が見つかったことです。八世紀前半のその建物については、聖《しょう》武《む》天皇の恭仁宮《くにのみや》遷都に際しての東国行幸《とうごくぎょうこう》の時の禾津頓宮《あわづのとんぐう》ではないかと判断するのが、今のところ最も妥当性が高いのではないかと考えています。もう一つの成果は、八世紀後半の近江における軍事的な緊張の高まりがうかがえるような防御的な機能を持った区画溝が検出され、それに囲まれるようなかたちで、官衙《かんが》的な色彩を持つ掘立柱建物群が見つかったことです。これについての歴史的な位置づけは保良宮《ほらのみや》や藤原仲麻呂《ふじわらのなかまろ》の乱などとの関わりが考えられ注目されます。

写真7　調査地上空から東を望む（右上の森が膳所城本丸跡）

発掘調査を実施した膳所高校の敷地は、膳所城本丸のある琵琶湖岸から約五〇〇メートルほど西側の内陸部に入った場所にあります（写真7・図8）。現在は周囲に住宅が建ち並んでいてグラウンドから琵琶湖を望むことはできませんが、地形図を見ると、琵琶湖の南湖に向かって流れ込む相模川《さがみがわ》という河川が形成した扇状地の中央部分に膳所高校は位置していて、かつては小高い丘の上の見晴らしのいい立地条件にあったといえます。江戸時代中頃の膳所城下町を記した絵図によると、調査地付近は侍屋敷が建ち並んでいた一角にあたり、幕末には膳所藩の藩校「遵義堂《じゅんぎどう》」が創設されています。その敷地はその後、県立第二尋常中学校の用地となり、現在の高校用地に引き継がれています。

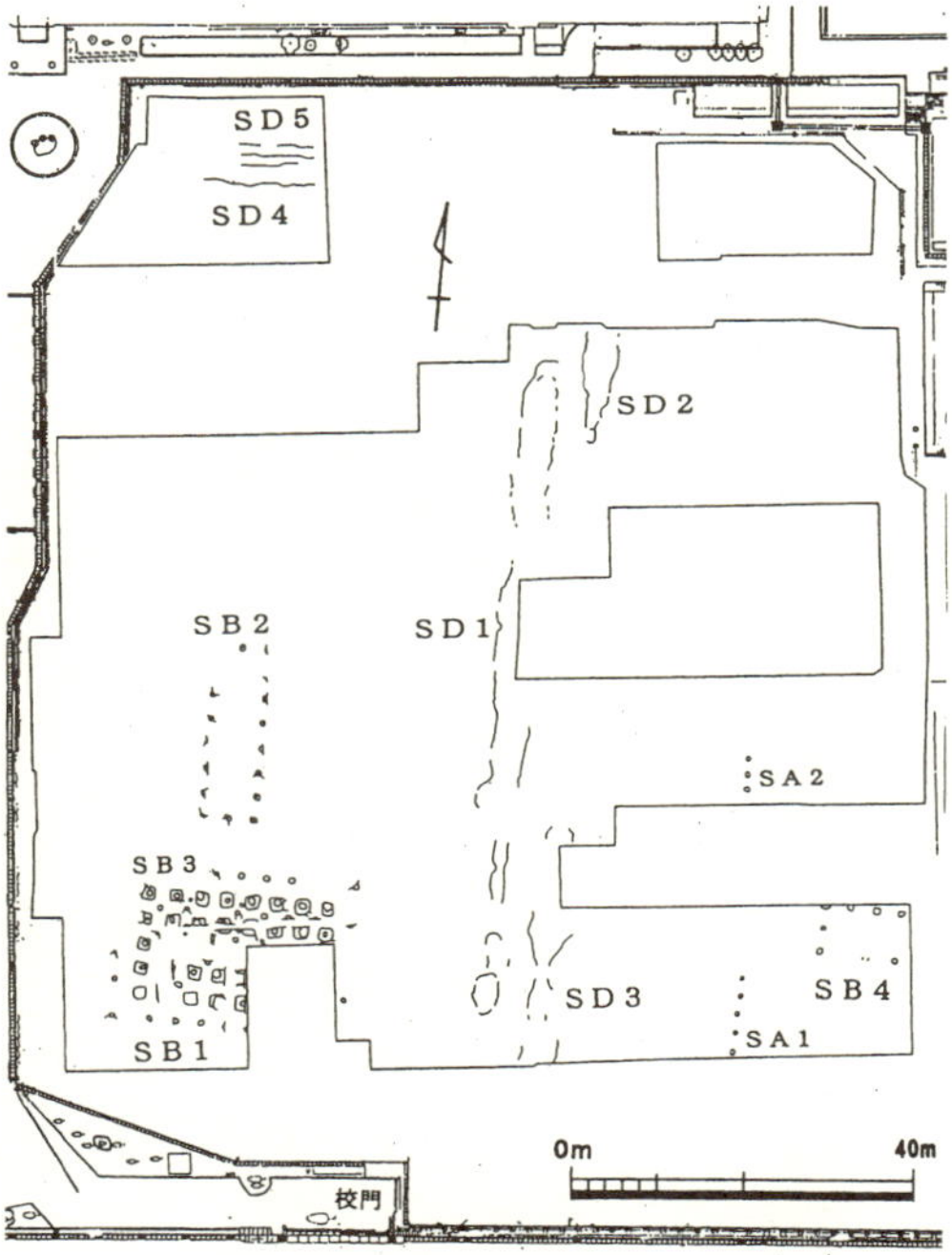

図8　膳所城下町遺跡の主要遺構配置図

奈良時代の遺構は、江戸時代の生活面があった地層を掘り下げて見つかりました。グラウンドの暗渠《あんきょ》排水の溝や旧校舎の建物基礎によって部分的に壊されていましたが、残されていた柱跡の配置から建物の規模や構造を明らかにすることができたのです。

　調査成果の一つめに挙げた奈良時代前半の大型掘立柱建物（SB1）は、グラウンドの南西隅で見つかりました（写真8・図9）。東西七間（約二〇・八メートル）×南北四間（約一一・九メートル）、床面積約二四七平方メートルを測る大規模な建物で、柱穴も約一・六メートル四方と大きく、直径四〇センチメートルの太い柱が用いられていたようです。柱穴の配列からは、二面庇《にめんびさし》建物という格式の高い建物構造であったことがわかりました。さらに、建物本体の柱穴のほかに、この建物を建設するときに組まれた建築足場の痕跡が建物内部と外周で見つ

写真８　禾津頓宮跡と推定される大型掘立柱建物（ＳＢ１）

かりました。外周の建築足場は、建物の外壁の約三メートル（一〇尺）外側に規則正しく並んでいて、その位置からこの建物が非常に軒の広がりの大きい、雄大な屋根構造をもつ建物であったことが推測されます。また、この建物の柱穴の調査からは、柱は約一メートル以上も掘り込まれた柱穴の中央に据《す》えたあと、その周囲に土を少しづつ入れて突き固めていく版築《はんちく》という技法で丁寧に建て上げられていることや、建物は建てられてからそれほど期間をおかずに手際よく柱を引き抜いて解体・撤去されたのではないかということがわかりました。

　この建物に続く奈良時代後半段階の遺構としては、掘立柱建物二棟とそれ

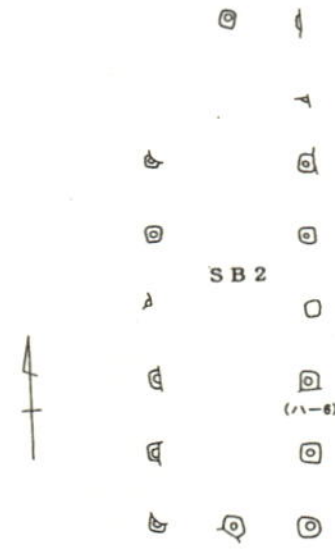

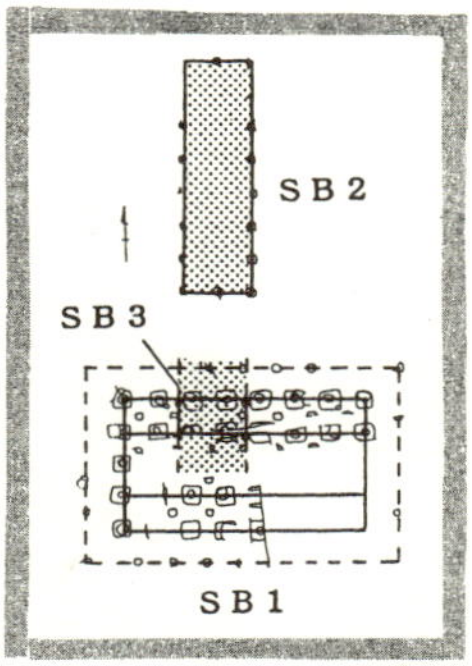

SB1～3位置関係図

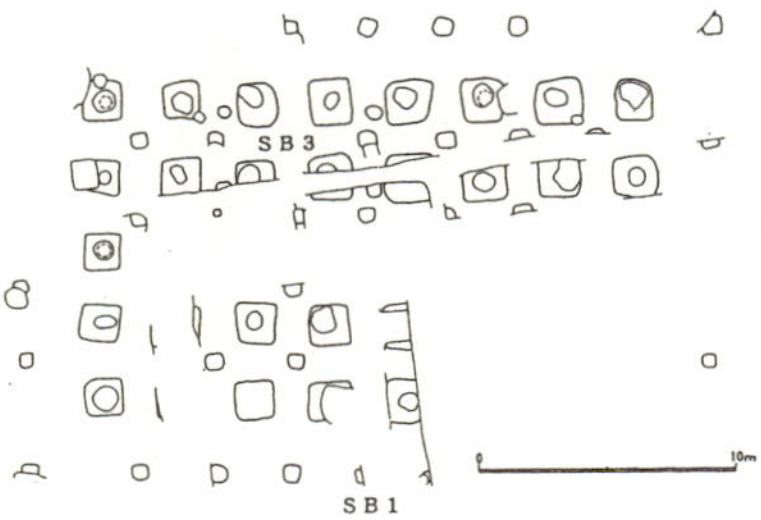

図9　掘立柱建物（SB1～3）平面図

らを取り囲むような区画溝が見つかりました。建物は先の大型掘立柱建物に重なる位置と、その北側に配置されていて、北側の建物（SB2）は東西二間（約五・九メートル）×南北七間（約二〇・八メートル）の細長いものです（写真9）。南側の建物（SB3）と柱筋を揃えて建てられていて、二棟はその規模や配置から官衙的な建物であったことがうかがえます。北側建物の柱が抜き取られた穴からは、保良宮の推定地である石山国分《いしやまこくぶ》遺跡でも出土している平城宮《へいじょうきゅう》式の軒丸瓦《のきまるがわら》の破片が出土しています。南側建物は削平《さくへい》が著しくて建物を構成していた柱穴

写真９　北側掘立柱建物（ＳＢ２）

の一部のみが残っている状態で見つかったのですが、この建物の柱の抜き取り穴からも瓦の破片が出土していて、ＳＢ２と同じ時期に機能していた建物であったことがうかがえます。そして、これらの建物の約三〇メートル東側において南北方向に延びる三本の溝が見つかり（写真10）、北側にも東西方向の二本の溝が見つかりました。これらの溝は南北に並ぶ二棟の建物を取り囲んでいたもので、建物の廃絶と同じ時に埋め戻されたのではないかと考えています。

東側の溝では、入り口と見られる部分の溝の配置に食い違いを設けることで外部からの侵入を妨げる虎口《こぐち》状の構造や、溝の周囲や内部に丸太杭のようなものをたくさん打ち込んでいる様子が見られ、防御的な機能を備えた区画溝であったことがうかがえま

写真10　区画溝入口部（ＳＤ１・２）

す。さらに、この区画溝の特徴として、溝は急を要して掘られ、掘られてからはそれほどの期間をおかずして一気に埋め戻されるようにして廃絶したことがあげられ、奈良時代後半段階の軍事的緊張の高まりを如実に示す遺構として注目されるものといえます。

これらの遺構のほかに、調査区の東南部では南北方向に断続的に並ぶ柵か塀のような柱列と、南北二間×東西四間以上の規模をもち、ＳＢ２・３と同じような規格で建てられている掘立柱建物（ＳＢ４）が見つかっています。時期の特定は困難ですが、埋土の状況などから奈良時代段階のものと思われ、官衙的な建物群の広がりを見て取ることができるものです。

以上のように今回の調査では奈良時代の

歴史を考えていく上で注目すべき成果が得られました。聖武天皇の禾津頓宮と考えられる大型掘立柱建物の評価については、現段階では古代の天皇の頓宮の調査事例や比較検討する資料も少ないことから、今後も引き続いて検討を加えていく必要があると考えていますが、今回の発見は聖武天皇の東国行幸の歴史的評価を検討する上で貴重な資料となりうるものといえます。また、奈良時代後半の軍事的な色彩をもつ官衙的な建物群については、近年明らかになりつつある保良宮との関わりや、藤原仲麻呂の乱といったこの時期の近江での軍事的緊張の高まりを示す可能性があるものとして注目されるものといえます。さらに、聖武天皇の東国行幸の経路と七世紀後半の壬申《じんしん》の乱に際しての大海人皇子《おおあまのみこ》の行軍路や戦場地との重なりを考えてみた場合、「禾津頓宮」の選地にあたっては『日本書紀』に記された壬申の乱の決戦地「粟津岡《あわづのおか》」(史料66)が意識されていたことも考えられ、膳所高校周辺の微高地がこの「粟津岡」の有力な候補地と言えるのではないかと思っています。

このように、膳所城下町遺跡において見つかった奈良時代の遺構群は、七世紀後半から八世紀後半に至るわずか一〇〇年の間におこった歴史上の画期となるような三つの出来事との関わりに思いをめぐらすことができる、非常に多くの歴史的な意味合いをもつものであるといえます。今回の発掘調査の成果が、古都大津の歴史的景観を形成する貴重な文化遺産のひとつとしての役割を担っていくことができれば幸いです。

調査事例報告3

宮町遺跡と関連遺跡（紫香楽宮）

信楽町教育委員会文化財調査室係長／鈴木良章

現在までに、発掘調査により紫香楽宮《しがらきのみや》の関連遺跡として判明しているものは、「紫香楽宮関連遺跡の分布図」（図10）のとおり、九ヵ所あります。ここでは、そのうち五遺跡について主な概要を紹介したいと思います。

従来、紫香楽宮と考えられていましたのはそのうちの6番「史跡紫香楽宮跡」です。この遺跡は少し小高い丘陵上にあり、一辺が一メートルくらいの礎石が、奈良の東大寺の建物とほぼ同じ配置で並んでいます。このことは国史跡に指定された直後に判明していました。礎石が東大寺と同配置ということは寺院跡ではないのだろうか、また、紫香楽宮に関する記録には仏教に関しての記述が非常に多いのですが、中でも大仏を造っていた「甲賀寺《こうかでら》」と呼ばれていた寺院跡ではないだろうか

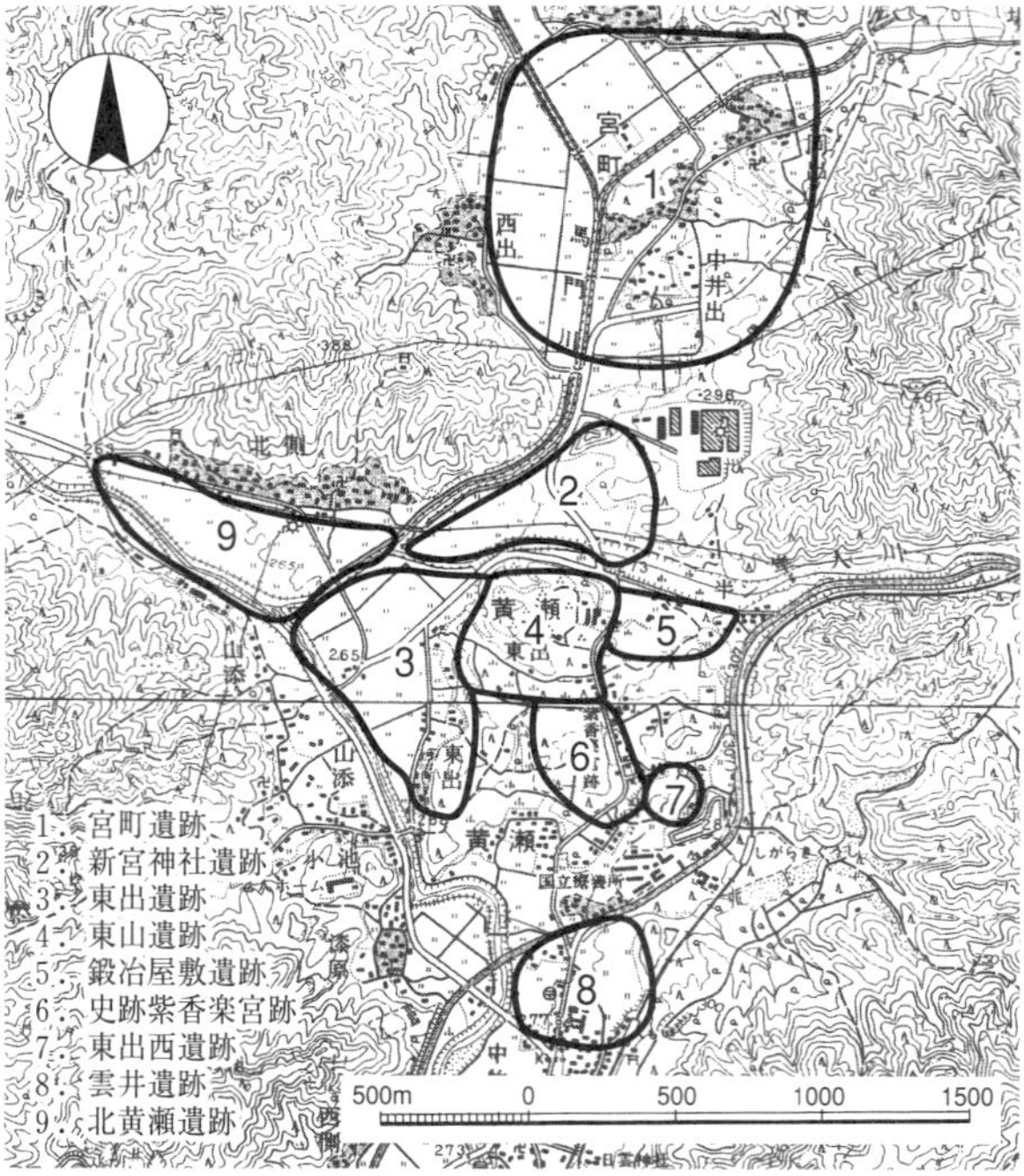

図10　紫香楽宮関連遺跡分布図

とされているのが、この場所です。

それが、約二〇年前から発掘調査を行なった結果、従来紫香楽宮跡と考えられていた場所の周辺には、奈良時代の遺跡がかなり広範囲に広がっていることがわかってきました。

そして現在、信楽町で力を入れて発掘を実施中なのが、1番の「宮町遺跡」です。ここは信楽谷の細長い盆地の最北端にあたります。その北半分をさらに拡大したのが、「宮町遺跡遺構配置図」(図11)になります。

その発掘調査の契機になりましたのは、昭和四十年代の水田の圃場《ほじょう》整備工事でした。そして後の聞き取り調査で、工事の際に非常に大きな太い柱や土器が出土していたことが判明しました。昭和四十年代の段階では考古学というものに、それほど認識がないという状況でしたので、何もわからないまま工事が終わってしまったわけです。ところが、工事後一〇年経ちまして、地域の方のお宅に保管されていたそ

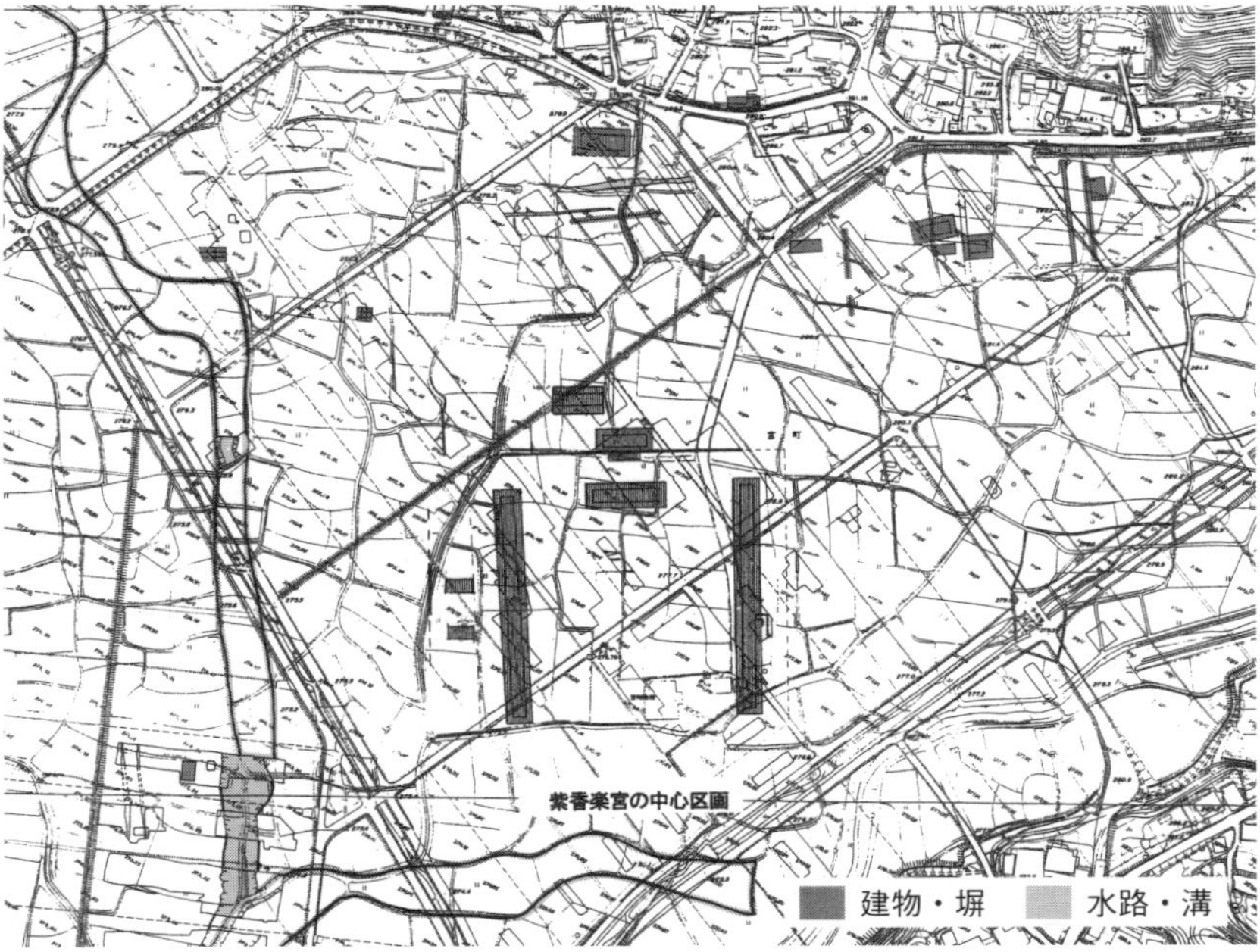

図11　宮町遺跡遺構配置図

の柱を「年輪年代測定法」で測っていただくと、まさに紫香楽宮の時代にその柱が切られたんだということが分かりました。

それを受けて、二〇年前から発掘調査を継続的に実施していますが、平成十二年というごく最近になりまして、この宮町という場所に、奈良時代の巨大な建物が整然と立ち並んでいたことがわかってきました。図11の中央に示している建物跡です。この遺構をさらに拡大したのが、「宮町遺跡「朝堂《ちょうどう》」周辺の主要遺構配置図」(図12)です。図面の真ん中辺りに建物Ⅰとした東西棟建物が一棟、その両脇には南北棟建物が二棟見つかっております。これが、紫香楽宮の政治の中心部分、朝堂と考えている遺構です。

紫香楽宮というのは、従来は、離宮としてスタートしたこと、そして三年しかなかった

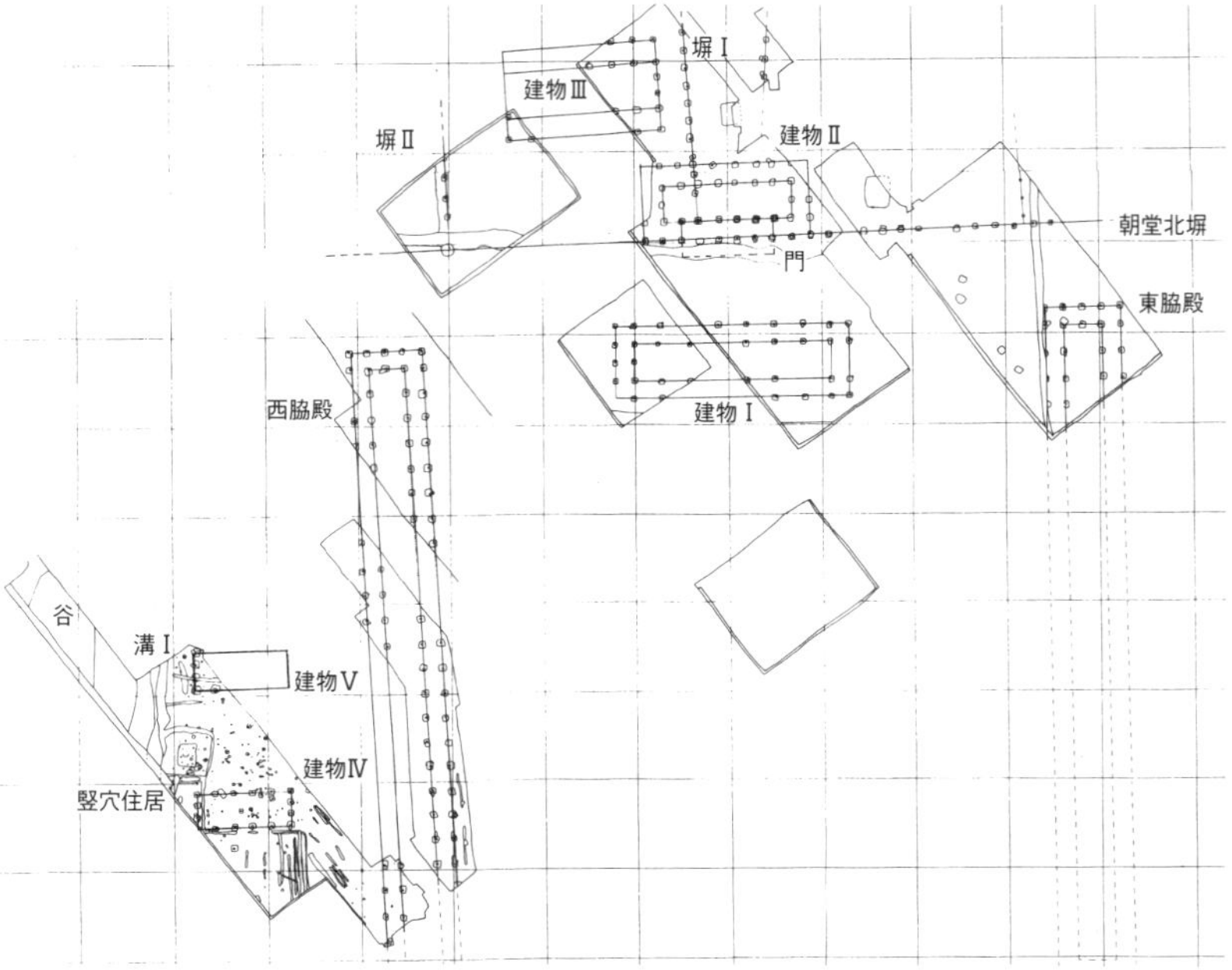

図12　宮町遺跡「朝堂」周辺の主要遺構配置図

ということも考えて、小規模なものだったのだろうといわれていました。しかし、最近の発掘調査によりますと、建物一棟一棟を見ましても非常に大きく、そして、どの建物も計画的に設計が行なわれていたように思われます。個人的には、三年しかなかったのは結果論であって、紫香楽宮はかなり計画的に組織だって造られた都であったと考えるべきではないかと、考えています。

また、最近の発掘調査では、三年しかなかったといわれる紫香楽宮でありながら、建物の建て替え痕跡が見つかっています。建て替えには非常に時間がかかるにもかかわらず、あえて建て替えているというのは、よほど重大な計画変更があったのか、紫香楽宮が廃止されたと記録されてから後も都の造営が続いていた可能性があるのではないかということも、今後考えていくべき課題と思っています。

次に、この宮町遺跡の南側に、図10の2番「新宮《しんぐう》神社遺跡」があります。ここでは、二つの遺跡をつなぐようなかたちで、山の中にアルファベットのL字型になっている幅一〇メートル余の道が見つかり、道に面して役所や橋が架かっていたことが分かりました。

そのさらに南側には、5番の「鍛冶屋敷《かじやしき》遺跡」があります。これは、紫香楽宮で大仏を造っていた「甲賀寺」の造営に伴い、さまざまな金属製品が必要になったため、それを製造していた大規模な銅の鋳造工房であろうと考えられる遺構です。遺構は大きく三時期に分かれ、最初は長大な建物が建っていた時期、その後、中型・小型の銅製品を鋳造する工房に替り、最後には大型製品おそらく釣鐘を鋳造した工房の時期があった、と考えられています。工房が同じ形態で使用されるのではなく、施設の造り替えがあったのだろうと考えられる状況が確認されています。

また、図10の9番「北黄瀬《きたきのせ》遺跡」でも、興味深い遺構が発見されました。ここでは、建物や役所跡はほとんど痕跡も見つからなかったのですが、巨大な井戸が発見されました。奈良時代の他遺跡の事例を見ても、このクラスの井戸になると、一般の集落の井戸と考えるよりは、都全体に大量の水を使って何かを供給するような実務を担当していた役所の井戸と考えた方がよいのではないかと思われます。

以上のように見てきますと、宮町遺跡に宮殿があり、そこには収容しきれない役所群が少し離

写真11　宮町遺跡を東方から望む

れた場所に展開していく。そして、その南の史跡紫香楽宮跡の所には寺院（甲賀寺）があるという形態になります。やはり紫香楽宮全体にも、宮殿地域とか、役所地域・寺院地域といった配置計画があったと見てもよいのではないかと考えています。

それでは最後に、主な遺構等を写真でもう少し詳しく紹介しておきたいと思います。

まず、宮町遺跡ですが、写真11は遺跡全体を東の方から撮ったものです。周囲を山が囲み、その真ん中に一キロ四方の盆地があるという地形です。紫香楽宮は、この盆地の北側の約三分の二の部分、約六〇〇メートルの範囲に広がっていたと想定されます。

写真12は、宮町遺跡の中で、私どもが「朝堂《ちょうどう》」跡、紫香楽宮の政治の中心部分と考えている所を、南から北を向いて撮影し

写真12　宮町遺跡の「朝堂」跡

たものです。東西に幅約三七メートル、奥行約一二メートルの「朝堂」と見られる巨大な建物（図12の建物Ⅰ）が中心にあり、両脇には、幅一二メートル、南北に長さ一一〇メートルを越すような、非常に長大な「脇殿《わきでん》」と見られる建物が配置されていました。そして、この「朝堂」北側には塀《へい》跡があり、これが建物全体を囲んでいたのではないかと考えています。

また、写真13は、その建物Ⅰ（写真手前）の部分です。さきほど建て替えの痕跡があるといいましたのは、その北側にも横幅九間、奥行四間の建物（写真奥）を建てようとしていたのですが、実際は建たないで、柱穴を掘った段階で工事が中断され、塀に計画が変更されたことが分かったからです。つまり、当初は、建物Ⅰとその北側の

写真13　建物Ⅰ（朝堂）と建物Ⅱ（朝堂北方建物）

建物とをセットで造ろうとしていた。ところが、工事中に利用目的の大きな計画変更があり、建物Ⅰがある空間とその北側の空間を、塀で二つに分けたのではないだろうかと、考えています。

次に、写真14は、平成十五年度の発掘調査で新たに出土した建物です。さきほどの南北に長大な「西脇殿」の西側で東西方向の建物二棟（図12の建物Ⅳ・Ⅴ）が見つかりました。また、そのさらに西側に南北方向の溝が一本見つかっています。じつは、この場所で建物が見つかるということは考えておらず、脇殿を囲む南北方向の塀が出るのではないかと考えていたんですが、現実には、建物が見つかってしまった。で、これについては、どういうふうに解釈したらいいかというのは、現在検討中です。

写真14　西脇殿西側で検出された東西方向建物（建物Ⅳ・Ⅴ）

さて、次の写真15は、宮町遺跡の土地造成にかかわる面白い事例です。写真の黒い部分は溝です。この辺りには木が点々とあり、この辺りの土地が低いので木の根等を埋めながら盛土し整地工事をしていたらしいのです。ところが、造成後、溝を掘ることになり、造成時に適当に埋めた木の根や枝が溝の中に突き出してしまった。そこで、後から慌てて切ったのではないかと考えられる形跡があります。どうも、紫香楽宮の工事を見ていますと、とにかく突貫工事であったのではないかと考えられる事例も出ております。

また、写真16は、宮町遺跡で「西大溝」と私どもが呼んでいる場所ですが、この溝についても、いったん溝が掘られた後、その中に大量に木が投棄され、一気に埋め立てられたらしいということが分かりました。その理由の一

写真15　宮町遺跡の溝と造成のため埋められた木の根

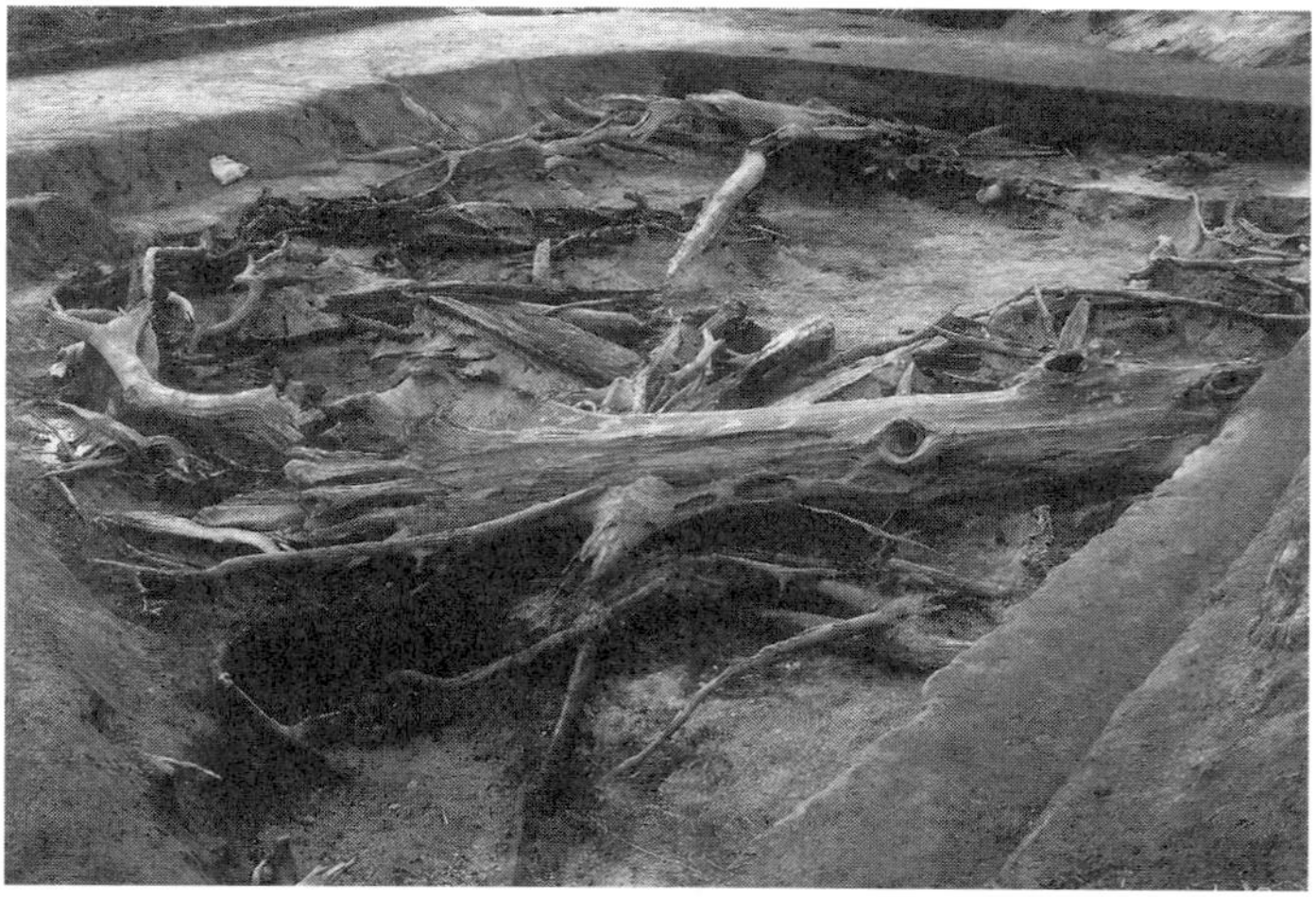

写真16　宮町遺跡の「西大溝」

写真17　宮町遺跡で検出された「柱根」

つに考えられるのは、都を造る際に必要な大量の資材を人力のみで運ぶのは非常に大変なので、たとえば京都の平安京では、都の中に水路を掘り、船や筏《いかだ》を浮かべて荷物を運び、ある程度物資が集積できた段階でその溝を埋めてしまうという例が分かっております。もしかすると、この場所についても、同じような用途が考えられるのかなと考えております。

写真17は、宮町遺跡で見つかりました「柱根《ちゅうこん》」、木の柱です。右側の柱の側面に黒い部分は皮がついた状態のままとなっていました。普通、柱というのは、切った後、何年か寝かせてから建築材料に用いると聞いていますが、紫香楽宮においては、どうも切った直後の柱を建築部材に使ったらしい、と考えられる遺物で

写真18　史跡紫香楽宮跡の現況（礎石列）

す。また、皮がついていることによって木の伐採年代が特定でき、この柱の場合は七四二年という伐採年代がでております。

最後に、宮町遺跡以外の遺構も一、二ふれておきたいと思います。写真18は、史跡紫香楽宮跡の現況です。このような礎石が現在三〇〇近く残り、ほぼ当時の位置を保っています。礎石から見たその建物配置は奈良の東大寺とほぼ同じですが、建物規模は東大寺ほど大きくないので、この遺構が、紫香楽で大仏を造ろうとしていた時の「甲賀寺」そのものであったかどうかは、断定できません。

最後に、これは宮町を離れまして、北黄瀬遺跡（写真19）で見つかった井戸跡を紹介しておきます。写真20は、その井戸の接

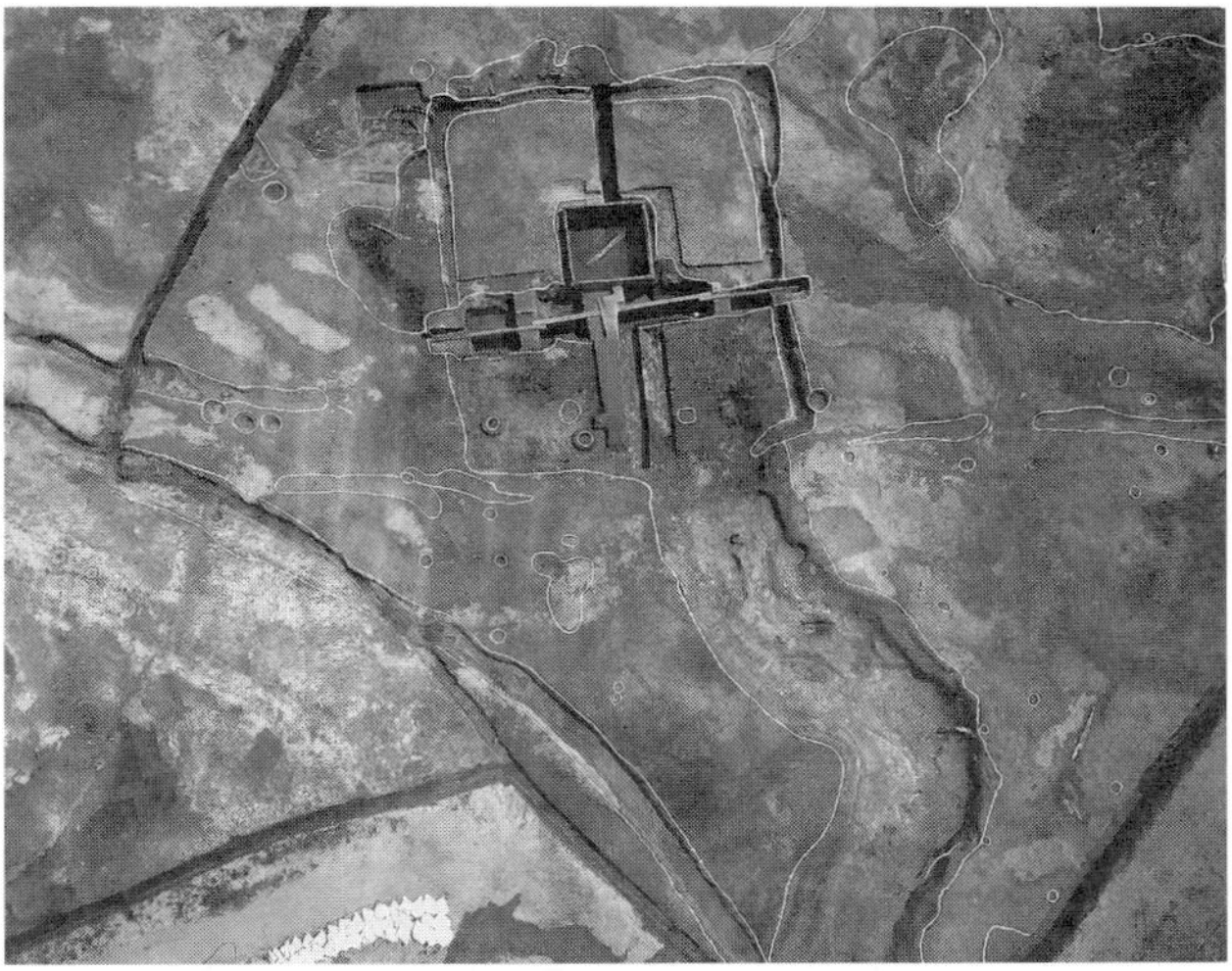

写真19　北黄瀬遺跡の井戸跡（中央上方が井戸本体）

写真20　井戸の接合部分

合部分なのですが、きれいな切り込みでつなぎまして、なおかつ鉄の釘を打ち込み、上の段の接合する部分には、水が漏れないように段をつけるという、非常に堅牢で緻密な構造をとっていたということがわかります。

写真のほうは以上です。以上で事例報告を終わらせていただきます。

基調講演

基調講演1

古代近江の宮都論

～渡来人と渡来文化をめぐって～

京都産業大学教授／井上満郎

〈いのうえみつお〉日本古代史専攻。古代の近江や渡来人、大津京・平安京研究に詳しい。一九四〇年生、京都大学大学院文学研究科博士課程修了。奈良大学文学部助教授を経て現職。

〔主な著書〕『渡来人』（一九八七、リブロポート）、『平安京再現』（一九九〇、河出書房新社）、『平安京の風景』（一九九四、文英堂）、『古代の日本と渡来人』（一九九九、明石書店）。『新修大津市史』第一巻古代（一九七八）執筆、『図説大津の歴史』（一九九九）編集・執筆。

■講演要旨

古代日本の宮都《きゅうと》は、『日本書紀《にほんしょき》』・『古事記《こじき》』によればおよそ六〇ヵ所にのぼる。東アジアの諸国、中国大陸や朝鮮半島の諸国家のそれが移動しないことを原則にしているのに対して、その理由はまだ解明されているとはいい難いが、古代日本は天皇の交替ごとに遷都することを原則とした。

最も多くの宮都が営まれたのは、大和《やまと》である。大和政権・大和朝廷などの語が示す通りで、権力のいわば本拠地大和に約四〇ヵ所の宮都が営まれた。これに次ぐのが摂津《せっつ》・河内《かわち》・山城《やましろ》（山背）だが、これらも畿内ないし畿内国として位置付けられた地域だから、宮都が営まれることに不思議はない。

例外的な二、三を除けば、畿外の近江の国に高穴穂宮《たかあなほのみや》・大津宮《おおつのみや》・紫香楽宮《しがらきのみや》・保良宮《ほらのみや》と四ヵ所もの宮都が存在したことは、明らかに奇異の観を呈する。その理由はむろん多方面から分析されねばならないだろうが、宮都を営むことができるほどに先進的な環境に近江があったことについては疑いはない。そしてこの先進性をもたらした大きな理由は、古代近江が渡来人《とらいじん》と渡来文化の拠点地域だったことによっている。朝鮮半島から、先進的な文化・文明をもたらし、地域に居住した渡来人との関係を中心に、近江に四ヵ所もの、古代大津の原点ともいうべき宮都の営まれた原因を考えてみたい。

こんにちは。井上でございます。本日の古都大津・歴史シンポジウム「近江・大津になぜか都は営まれたのか」ということで、まず基調講演ということになっておりますが、私が皮切りというかたちでしばらくお話させていただき、私と合わせて合計お三方が、それぞれ専門の分野のお話をなさり、また会場の皆様を加えまして、討論をさせていただく、ということになっております。

私は、テーマといたしまして、「古代近江の宮都《きゅうと》論」ということで、この近江の国、大津及びその近辺に都《みやこ》が営まれたことの理由といいましょうか、背景と申しましょうか、それを少し話させていただくことになります。

古代近江に設けられました都には合計四つございました。私の作りました「古代の宮都表」（表1）をご覧いただきたいのですが、これは学校で学生たちを相手に話をするための表でございますので、あまり完全なものではございませんが、おおむねその傾向はお分かりいただけると思いますので、あげさせていただきました。およそ六〇の都が古代の日本には存在しておりました。この約六〇の都の内、もちろん圧倒的に多いのは大和《やまと》でございまして、大和政権とか大和朝廷とかいいますように、当然ともいえるのでありますけれども、それに次ぎますのが、この近江の国でございまして、ですから今回のテーマの「近江・大津になぜ都が営まれたのか」というテーマは、近江の国の歴史を考えます時に、大変重要な、また考えておくべき課題であろうかと思います。

ちなみにテーマの副題に、大津宮《おおつのみや》・紫香楽宮《しがらきのみや》・保良宮《ほらのみや》という三つの都が並んでありますが、も

表1　古代の宮都表

神武天皇	畝傍橿原宮
綏靖天皇	葛城高丘宮
安寧天皇	片塩浮穴宮
懿徳天皇	軽曲峡宮
孝昭天皇	掖上池心宮
孝安天皇	室秋津島宮
孝霊天皇	黒田廬戸宮
孝元天皇	軽境原宮
開化天皇	春日率川宮
崇神天皇	磯城端籬宮
垂仁天皇	纏向珠城宮
景行天皇	纏向日代宮
	志賀高穴穂宮
仲哀天皇	穴門豊浦宮
神功皇后	磐余若桜宮
応神天皇	難波大隅宮
	明宮(軽島明之宮)
仁徳天皇	難波高津宮
履中天皇	磐余稚桜宮
反正天皇	丹比柴籬宮
允恭天皇	遠飛鳥宮
安康天皇	石上穴穂宮
雄略天皇	泊瀬朝倉宮
清寧天皇	磐余甕栗宮
飯豊青皇女	忍海角刺宮
顕宗天皇	近飛鳥八釣宮
仁賢天皇	石上広高宮
武烈天皇	泊瀬列城宮
継体天皇	樟葉宮
	筒城宮
	弟国宮
	磐余玉穂宮

安閑天皇	勾金橋宮
宣化天皇	檜隈廬入野宮
欽明天皇	磯城島金刺宮
敏達天皇	百済大井宮
	訳語田幸玉宮
用明天皇	池辺雙槻宮
崇峻天皇	倉梯宮
推古天皇	豊浦宮
	小墾田宮
舒明天皇	飛鳥岡本宮
	田中宮
	厩坂宮
	百済宮
皇極天皇	飛鳥板蓋宮
孝徳天皇	難波長柄豊碕宮
	飛鳥川原宮
斉明天皇	後飛鳥岡本宮
天智天皇	近江大津宮
天武天皇	飛鳥浄御原宮
持統天皇	藤原京
元明天皇	平城京
聖武天皇	恭仁京
	紫香楽宮
	難波京
淳仁天皇	保良宮
桓武天皇	長岡京
	平安京

う一つ、じつは近江には都がございました。「宮都表」の、景行天皇《けいこう》というところにあげておりますけれども、高穴穂宮《たかあなほのみや》という都でございます。ただし、この都は、実在したのかどうかも含めまして、さらにいえば、景行天皇という天皇が実在したのかどうかも含めまして、色々議論のあるところです。また、遺跡というかたちでの確認はまったくされておりませんので、議論の対象にするのは多少ふさわしくないかなと思いますけれども、この大津に初めて営まれたとされる都ということで、後世に作られたとすれば、その理由が、つまり近江の国でなければならない何か背景があったはずだと考えるものですから、その一覧表には神武《じんむ》天皇の畝傍橿原宮《うねびかしはらのみや》から、全部あげておいたのですけれども、ともかく、この志賀高穴穂宮を含めまして、近江の国には合計四つの都が営まれました。そしてそれは、日本の古代でも大和の国にほぼ次ぐような多さなのです。山背《やましろ》とか摂津《せっつ》とかにはそれぞれ、確か五ヵ所くらいの都が営まれていますけれども、近江の国はそれと並ぶ都が営まれて然るべき場所と意識されていたことが、この一覧表からお読み取りいただけるかと思います。

それでは、なぜ近江の国に、そのようにしばしば宮都、都が営まれたのかという事情を、最初に申し上げましたように、探るのが、私に与えられた役割でございます。

一つは申すまでもなく、近江の国が日本列島の中で占めておりました位置でしょうか。これは政治的にも軍事的にも経済的にも文化的にも地理的にも、すべてのものを含みますけれども、日本列島内における近江国の位置でございます。

これは大変有名な史料でございますが、近江の古代を考えます時には、どなたもがこの史料からお初めになるものです。奈良時代の終わり頃につくられました『家伝《かでん》』という藤原氏の伝記がございますが、その中の藤原武智麻呂《むちまろ》という人物の伝記の文章の一部分に、「近江国は宇宙《あめのした》に名のある地《ところ》なり」という文言がございまして（史料1）、以下に、その「名のある」特徴を的確に描いております。この場合の「宇宙」は今で言うスペースだとか、ユニバースとかいう意味ではありませんでして、「天下」という言葉がふさわしいかと思いますが、近江の国は「天下」にたいへんよく知られた場所である、という記載がございます。そして、地理的に近江の国は、まさに「東西二陸の喉《のみと》なり」という文言のように、ちょうど日本列島の（もちろん古代の日本列島には東北や北海道はあまり含まれておりませんけれども）、その中心的な位置にあるという事を述べております。

いま一つ、近江の国に都が四回も営まれました理由は、国際的な近江国のもつ位置です。私の今日のお話は、その二番目の、国際的な近江を支えた日本列島を含みます、「東アジア世界」というふうに私どもは呼んでおりますが、中国大陸・朝鮮半島・日本列島という、この三者から成ります地域の中での近江の国の位置というものを考えてみようと思ったわけでございます。で、近江の国の国際的環境ということを考えます場合、やはり最初に渡来人《とらいじん》と渡来文化の事を考えるべきだろう、と思ったものですから、副題に「渡来人と渡来文化をめぐって」というタイトルをつけさせていただきました。

これまた有名な史料ですが、その詳細を分析いたします時間はありませんけれども、『日本書紀』の垂仁《すいにん》天皇三年の条をあげておきました（史料2）。これは、大変有名な天日槍（アメノヒホコ）という人物の日本列島への渡来、そして近江の国への関わりという部分についてのものでございます。新羅《しらぎ》の王子であった天日槍という人物が日本へやって来て、近江の国にしばらく居住をした、という記載がございます。住んだ場所もそこに書かれておりまして、近江の国の鏡村《かがみのむら》（現、蒲生郡竜王町）、ここに大きな足跡《そくせき》を刻んだと書かれております。

天日槍はもちろん、実在の人物と確定のできない人でありますけれども、いえるのは、近江の国に住んだ、朝鮮半島から日本列島へやって来て、日本列島で様々な足跡を刻んだ人々を象徴する人物として、この天日槍が設定されているということです。すなわち、近江の国は、渡来人が住み、渡来人のもたらした当時の東アジア世界での先進的な文化・文明というものが息づいていた、そういう地域であるということを示しています。また、「近江の渡来系氏族分布図」（図13）を見ていただきますと、これは大橋信弥さんがお作りになった地図でありますけれども、ほとんど近江の国全域にわたって渡来系氏族の分布が見られますし、さらに、その地図に書き込まれている氏族分布の濃度からいたしますと、大津及びその近辺に多くの渡来系氏族が居住していたということが、一見して読み取れます。

次に、近江の国への渡来人の渡来はどのようであったかということを、史料を追って見ていきたいと思います。

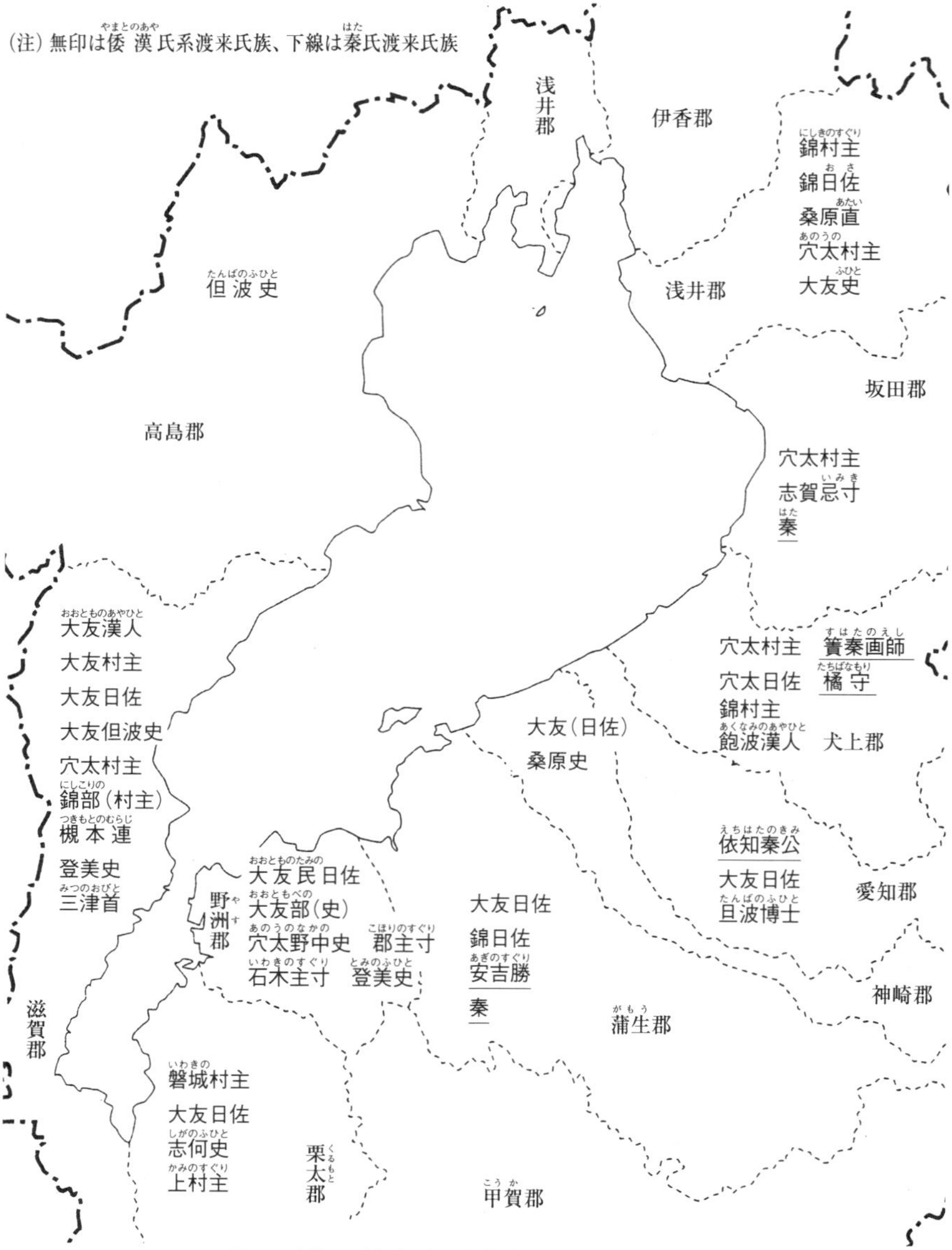

図13　近江の渡来系氏族分布図（大橋信弥作図）

まず、『日本書紀』の斉明《さいめい》天皇七年（六六一）十一月条（史料6）ですが、この時には「唐人《もろこしびと》」が日本列島にやって来て「近江の国の墾田《はりた》」（残念ながら、これがどこだということは確定できませんが）に居住したとあります。この場合は「唐人」とありますので、唐《とう》と百済《くだら》とが戦争をいたしまして、百済が得た唐の捕虜を日本へ送ってきたというケースで、その送ってこられた、つまりは中国大陸・朝鮮半島の文化というものを身に帯びております人たちが、近江の国に居住をしたという史料です。さらにその次、天智《てんじ》天皇四年（六六五）二月の条（史料12）、この時には百済の「百姓《たみ》」男女四百余人が近江の国の神崎《かんざき》郡に居住をさせられた。また、天智天皇八年（六六九）是歳《ことし》の条には、百済の人々男女七百余人が近江の国の蒲生《がもう》郡に住まわされたとあります（史料38）。こういう史料をいくつか『日本書紀』その他から、われわれは探し出すことができます。

さきほどの渡来系氏族の分布図や、また、天日槍に象徴されますような渡来人の居住・定着、渡来人のもたらした文化・文明の近江の国への移入、ということが非常に頻繁に、繰り返し行なわれているということが、史料から読み取ることができるかと思います。

とりわけて、後で引用いたしました神崎郡や蒲生郡への定住等に見られます六六〇年代の近江国への渡来人の渡来は、重要な意味をもつのではないか、と考えております。これは有名な白村《はくそん》江《こう》の戦い、東アジア世界全体を巻き込んだ戦争というと少し近代的ないい方になりますが、日本・百済連合軍と、唐・新羅連合軍との間で、西暦六六三年にこの戦いは行なわれておりますけれども、その六六三年を中心とする前後の東アジア世界の対立と抗争というものの結果、百済が滅亡し、その百済からの渡来人がやってきたのが、この例でございます。

これらの人々は、『日本書紀』の天智天皇十年（六七一）正月の条（史料46）にも明示されておりますけれども、日本の当時の政権と申しましょうか、朝廷に様々なかたちで、「官僚」として出仕《しゅっし》をした。日本の側から言えば、百済の滅亡とともにやって来た多くの人たちを、日本の朝廷、日本の政治に利用したということになります。つまりは、卑近ない い方をすれば、亡命してきた百済人たちの知識や智恵や技術というものを当時の日本は必要としていた。それらの技術や文明や知識というものによって、日本は国の仕組みを整えていったということになるのではないかと思います。

これらの人々は、申し上げましたように、百済の滅亡とともに百済からやってきました人々が大半でございまして、これらの人々の日本への貢献がこの史料で知られますが、さらに、次の「神籠石《こうごいし》と古代山城《やまじろ》の分布図」（図14）も同様のことを知る資料として用意をしたものです。九州から、正確には対馬《つしま》から、高安城《たかやすのき》（大阪・奈良の県境になりますけれども）に至りますまで、多くの山城が建設され、これらの山城（朝鮮式山城といういい方をしますが）の建設に、百済人たちが大きく貢献をしたことは史料の上からも明らかにすることができます。たとえば、『日本書紀』天智天皇四年（六六五）八月条（史料14）などのとおりです。これらの人たちの知識や技術というものを借りて、山城という「防衛施設」（さらに卑近ないい方になりますけれども）の、建設が可能になったということが考えられます。

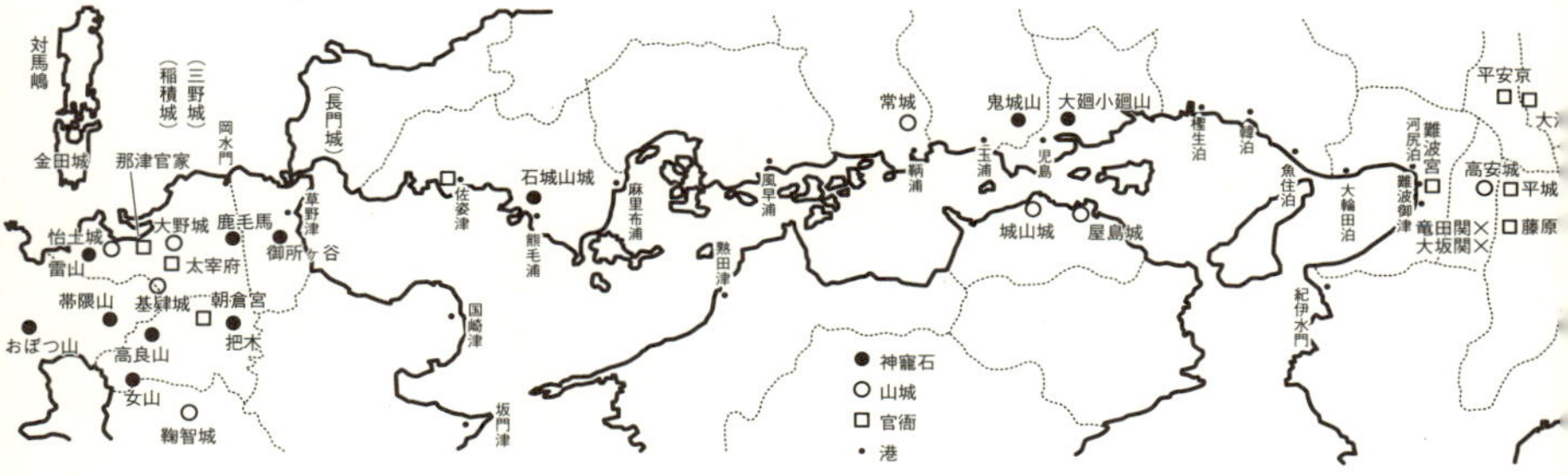

図14　神籠石と古代山城の分布

次に、こういう延長線上で古代近江の宮都というものを具体的に考えていきますと、まず、私が追加をさせていただきました志賀の高穴穂宮、これは詳細がまったくわかりません。『古事記』及び『日本書紀』に出てくるだけでございまして、『古事記』は成務《せいむ》天皇、『日本書紀』では景行天皇の宮都として出てまいりますが、成務や景行という天皇自身の実在性も含めまして、高穴穂宮が実在したかどうかはわかりません。わかりませんが、高穴穂宮は明らかに大津市穴太《あのう》の地名を反映するものであり、ここは渡来人の濃密な居住地であることはよく知られたところでございます。したがいまして、近江の国に初めて設定されました高穴穂宮というのは、渡来人と渡来文化における近江のあり方と考えてみれば解けるのではないか、というふうに考えております。

この渡来人との関係でとりわけ重要なのは、のちほど、林先生のお話にも出てくるかと思いますが、大津京《おおつきょう》、大津宮《おおつのみや》のことでございます。この大津宮が、なぜこの大津の地に営まれたのかは、まだなお解決されていない歴史学上の課題と申してよろしいかと思いますが、多くの方は、大和を離れて近江国に都を営んだのは、さきほどの「古代山城の分布図」（図14）からも読み取れますように、当時日本が政治的・軍事的に敵対関係にありました唐や新羅から逃げるためだという説が強うございます。確かに、唐や新羅の軍が大和の政権を襲うとすれば、山城がまさにそこに建設されておりますように、瀬戸内海経由の侵攻が予想されます。それを想定して、それらの山城は建設されたわけでありますので、当時の天智天皇を中心とする政権が、このコースによる唐や新羅の侵攻というものを真剣に恐怖していたことが、この山城の築城（幸いにしてそれは役に立つことはなかったですけれども）からも理解できます。

したがいまして、そのコースでいえば、大津宮は、大和の国よりも「後退」といいましょうか、後ろであります。つまり、一つの防御線を加えることのできる大津宮を大津に建設するというのは確かに納得できない説ではないのですけれども、しかし私は、いま申し上げましたような、近江の国における渡来人と渡来文化の環境を考えて見ますと、むしろもう少し積極的に天智天皇自身が、あるいは天智天皇政権自身が、そういう積極性を持った遷都のように思うのです。つまり、逃げて大和から大津へ「退いた」と言うのではなくて、大津にむしろ「進んだ」といいましょうか、そのことは高句麗《こうくり》との関係で、私は、理解できるだろうと思っております。

『日本書紀』の欽明《きんめい》天皇三十一年（五七〇）四月二日の条（史料3）を見ていただきたいのですが、これは日本に初めて、高句麗（現在の北朝鮮から中国・東北地方にあった国です）から使節がやってきた時の史料です。この公式使節の日本列島への渡来のコースは日本海ルートでありまして、つまり現在の北朝鮮地域から日本海を横断して日本海岸につき、そこから近江を経て琵琶湖を南下して大和政権にアクセスする、そういうコースを初回の高句麗使節は、いみじくも通っております。

このように、大和国と高句麗国との国際関係というものを考えてみますと、近江の国への遷都は、明らかに「前へ」といいましょうか、大和から見れば、高句麗との関係を密接にしようと思えば大津へ、近江へ「進出する」という選択肢が、当然一つ、考えられるわけであります。実際、高句麗国はこの大津宮遷都の翌年に滅亡しますけれども、大津宮がこの近江の国大津に営まれた当初には、高句麗国は依然として存在しております。共に唐・新羅を軍事的に敵と意識し、認識していた当時の日本「倭《わ》」と高句麗が提携する、日本の天智天皇政権が高句麗国との提携を考え、そしてそういう国際的な環境の中で、さきほどの山城の建設に見られるような日本の国際的危機というものを回避しようとしたということは、じゅうぶんに考えられることだろうというふうに、私は思っております。

したがいまして、この近江大津宮がこの大津の地に営まれましたのは、明らかにその瀬戸内海ルートでの、唐・新羅の軍事的攻撃を避けるという意味ではなくて、むしろ積極的に、東アジアの国際的環境の中で当時の日本に置かれた危機的な立場を回避しようとしたものである。そのように考える考え方が、可能だと思います。

そして、近江の国への遷都をそのように考えれば、この近江の国に、さきほどの『日本書紀』

の史料で申し上げましたように、多くの百済人たちが天智天皇の政権に出仕しているということとも重ね合わせ、また、多くの百済人たちが、近江の国に定住させられていたということとさらに重ね合わせれば、大津宮の大津への設定の意味も解ける、そういうふうに考えております。

ところで、あとでもう一度話題にさせていただこうと思っていますが、保良宮《ほらのみや》の建設も、そのように東アジアの国際関係から考えることができるようです。保良宮という都が、この大津（さきほどの調査事例報告にもありましたけれども、まだどこと確定をするところにまでいたってないようですが）に建設されたことの意味について、少し触れておきたいと思います。

保良宮は、藤原仲麻呂《なかまろ》という人物が主導権を取って、政権を運営していた時代の宮都です。仲麻呂という人は、あまり学問的ないい方ではありませんが、すごい中国趣味、中国風の政治を行った人なのですけれども、そのことと無関係ではないのですが、仲麻呂は新羅への遠征計画を立てます。しかし、計画を実行するまでに仲麻呂は失脚し、その政権は消滅してしまいますので、新羅への軍事的侵攻というものはありませんでした。仲麻呂時代の新羅国は、朝鮮半島全体なのですけれども、その新羅侵攻を仲麻呂が計画し、実際にそれを実施すべく、多くの船舶を造らせていたという記録もございますので（史料138）、彼が真剣に朝鮮半島に対する遠征計画（結果として失脚によってそれはなくなりましたけれども）を立てていたことは、事実です。

その遠征計画の立案とほぼ同じ時期に、藤原仲麻呂を主導権者とします、保良宮建設が始まっているのです。ですから、保良宮がなぜ大津に設けられたのかという意味も、仲麻呂が、保良宮つまりこの大津を一つの拠点にして、日本海ルートでの朝鮮半島、新羅への侵攻というものを視野に入れていたことがあったのではないか。ただ単に、この大津の地が湖があり、山があり、美しいだとか、そういうことではなくて、藤原仲麻呂の政権構想の一部分として、そしてその政権構想の一部分の朝鮮半島侵攻ということを考えて、保良宮に都を定めたのではないか、このように考えております。

言葉足りませんけれども、ともかく大津宮にしろ、保良宮にしろ、その近江の国という地域が、多くの渡来人が住み、渡来文化の積み重ねられてきた伝統というものがあり、さらには、大津・近江を取り巻く東アジア世界の国際的環境というものを、古代近江に四つもの宮都が営まれたことの重要な背景として、私は、考慮しておかなければならないと思います。日本の古代史すべてを考える時にはそうでございますけれども、国際的環境の中での日本の政治や経済や文化の動き、流れというものを考えて見なければならないとも思っております。

井上 さて、私は、いわば「縦」の流れで考えを述べさせていただきましたが、次には「横」と申しましょうか、一つの宮都、あるいはその周辺とその時代をとってお話をいただきます。最初に、林博通《はやしひろみち》さんに大津宮とその時代ということでお話をいただきます。

林さんは、現在、滋賀県立大学の先生をなさっておられまして、大津宮の遺跡を初めて確認をされ、その後、大津宮についてご研究をなさっておられます、文字通り日本で第一人者でございます。

もちろん、大津宮以外にもさまざまなご研究もなさっておられますけれども。本日は「大津宮とその時代」ということで、大津宮の遺跡・遺構はもちろんのこと、その後ろから、どういう歴史が、時代が見えてくるのか、ということでお話を頂戴します。林先生、よろしくお願いします。

基調講演2

大津宮とその時代

滋賀県立大学助教授／林　博通

〈はやしひろみち〉日本考古学専攻。大津京の建物跡を初めて発見、その所在をつきとめる。大津京研究に詳しい。一九四六年生、京都教育大学教育学部卒。和歌山県教育委員会・滋賀県教育委員会を経て現職。博士（歴史学）。

〔主な著書〕『さざなみの都大津京』（一九七八、サンブライト出版）、『大津京』（一九八四、ニュー・サイエンス社）、『古代近江の遺跡』（一九九八、サンライズ出版）、『大津京跡の研究』（二〇〇一、思文閣出版）。『図説大津の歴史』（一九九九）執筆。

講演要旨

中国に統一帝国である隋《ずい》、つづいて唐《とう》が興ると、その周辺諸国を含めた東アジアの国際情勢は激しく揺れ動いた。特に朝鮮三国（高句麗《こうくり》・百済《くだら》・新羅《しらぎ》）と日本は、中国を核としたその動きに翻弄されることになる。こうした動きの中で日本は、「乙巳《いっし》の変」「大化《たいか》の改新」を経て、律令制による中央集権国家の確立をめざしていた。大陸では、百済が滅び（六六〇年）、日本は百済に援軍を送ったが、白村江《はくそんこう》で大敗した（六六三年）。このため、唐と新羅の進攻に備えて西日本各地に朝鮮式山城や大宰府《だざいふ》に水城を築くなどの防備に追われていた。近江遷都はこうした情勢下、六六七年になされたものである。

大津宮《おおつのみや》の所在地論争は江戸時代から最近まで百花繚乱《ひゃっかりょうらん》の体であったが、近年の大津北郊における一連の発掘調査により、大津宮の中枢部は大津市の錦織《にしこおり》にあったことが明らかとなり、断片的に検出された遺構や微地形、文献史料などから判断して、北に内裏《だいり》、南に朝堂院《ちょうどういん》を備えた宮室《きゅうしつ》と、比叡山と琵琶湖に挟《はさ》まれた南北に細長く、起伏の多い地形に影響された変則的な京域《きょういき》が存在し、その中に四寺院が建立されていた。この地域は六世紀代から渡来系《とらいけい》の人たちが集住し、すでに大津京前代には三ヵ寺もの氏寺《うじでら》をもつなど、政治的にも経済的にも卓越した地域であった。この渡来人たちは、大津京建設に積極的にかかわった様子がうかがわれる。

大津京を考えるには、当時の国際情勢とそれに連動した国内の動向、大津京前代の近江あるいは大津北郊の情況を関連させて把握する必要がある。

こんにちは、林と申します。井上先生は、文献史学の先生でありまして、私は考古学という、研究方法を少し異にする研究をやっております。たとえば、犯罪捜査でいうならば、文献史料というのは、状況証拠といいますか、聞き込みですとか、自白ですとか、そういったものから事件の実態の解明をしようというものですが、考古学は、物的資料つまり物証から犯人をつきとめて解明しようとする、そういう方法論の違いがあろうかと思います。

大津宮《おおつのみや》を考える場合にですね、大津宮だけを考えても真実が読み取りにくい。それは、国際情勢、当時の東アジアの国際情勢をからめて考える必要があるということですが、それは私の講演要旨に少し書いておきましたけれども、その東アジアの国際情勢に関しましては、さきほど井上先生からお話がありましたので、その分は省くことにいたします。そして、まず大津宮（宮室）の位置と大津京像ということについて、図面を見ながらお話ししたいと思います。

最初に、「大津宮と関連遺跡」の図（図15）をご覧ください。大津市北郊の地図をあげまして、そこに大津京時代のいくつかの遺構を入れております。大津京の宮室があったのは、4番、近江神宮の南側の錦織《にしこおり》という所にあったと、もう確定していいだろうと思っております（14頁図1、69〜70頁図16〜18参照）。そこを中心として、その時代に存在した寺院跡、北から穴太廃寺《あのうはいじ》・崇《すう》福寺《ふくじ》跡・南滋賀《みなみしが》廃寺・園城寺《おんじょうじ》前身寺院があります。

一応、大津京時代に都《みやこ》の中にあった寺院として、それだけあったと考えております。そういったことを前提として、まず、なぜ大津へ都を持ってきたかということを考えるときに、井上先生の話

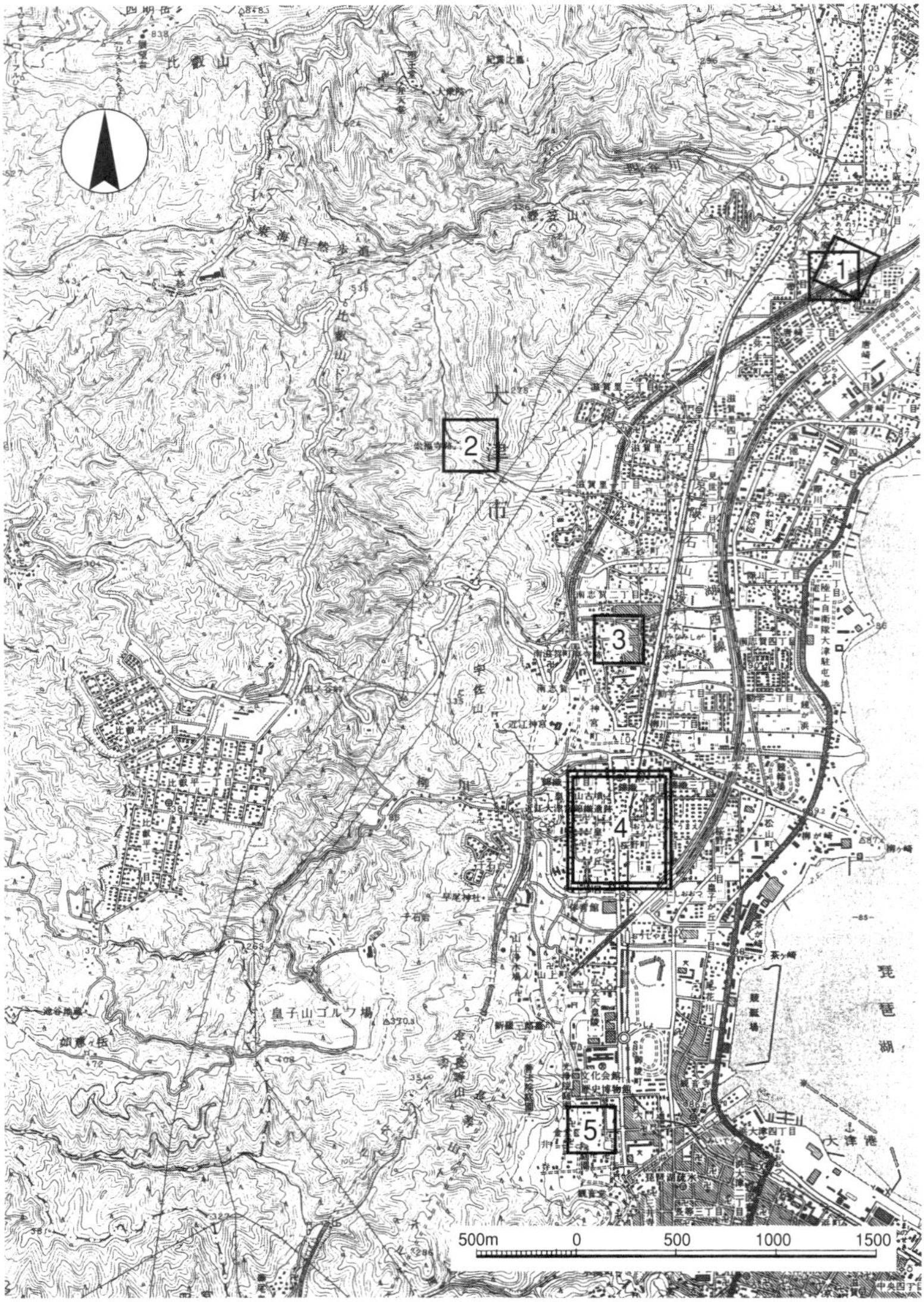

図15　大津宮跡と関連遺跡
1．穴太廃寺跡　2．崇福寺跡　3．南滋賀町廃寺跡
4．大津宮跡　　5．園城寺前身寺院

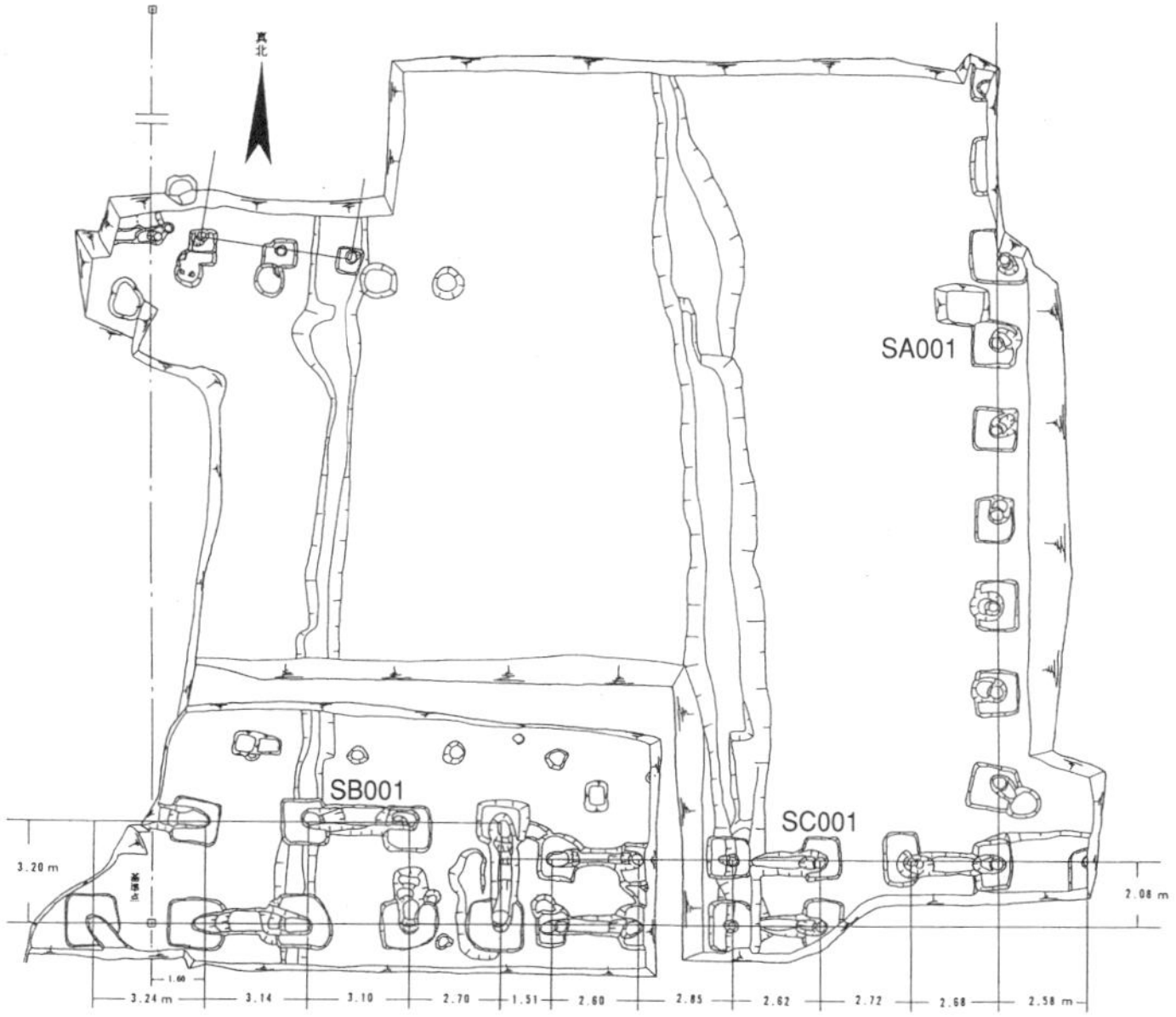

図16　錦織第１地点検出遺構（内裏南門と大垣）

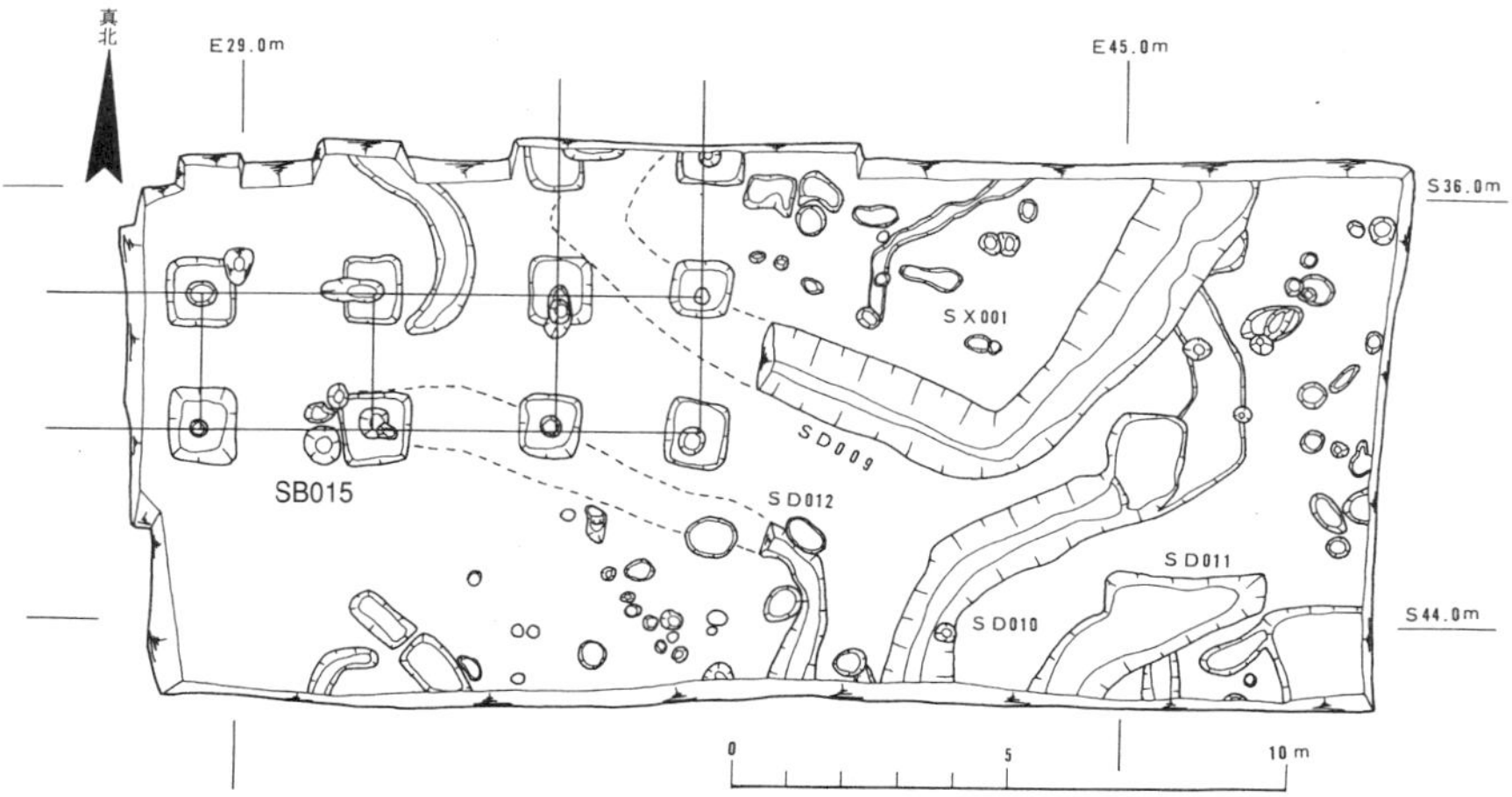

図17　錦織第６地点検出遺構（内裏正殿）

にもありましたように、渡来人《とらいじん》・渡来系の人たちが存在したということが考えられます。たとえば、大友村主《おおとものすぐり》とか錦織村主《にしこりのすぐり》ですとか、そういった渡来系氏族が居たということは、特に平安時代の文献史料、『新撰姓氏録《しんせんしょうじろく》』などにあるんですが、果たして、それより約一五〇年もさかのぼる大

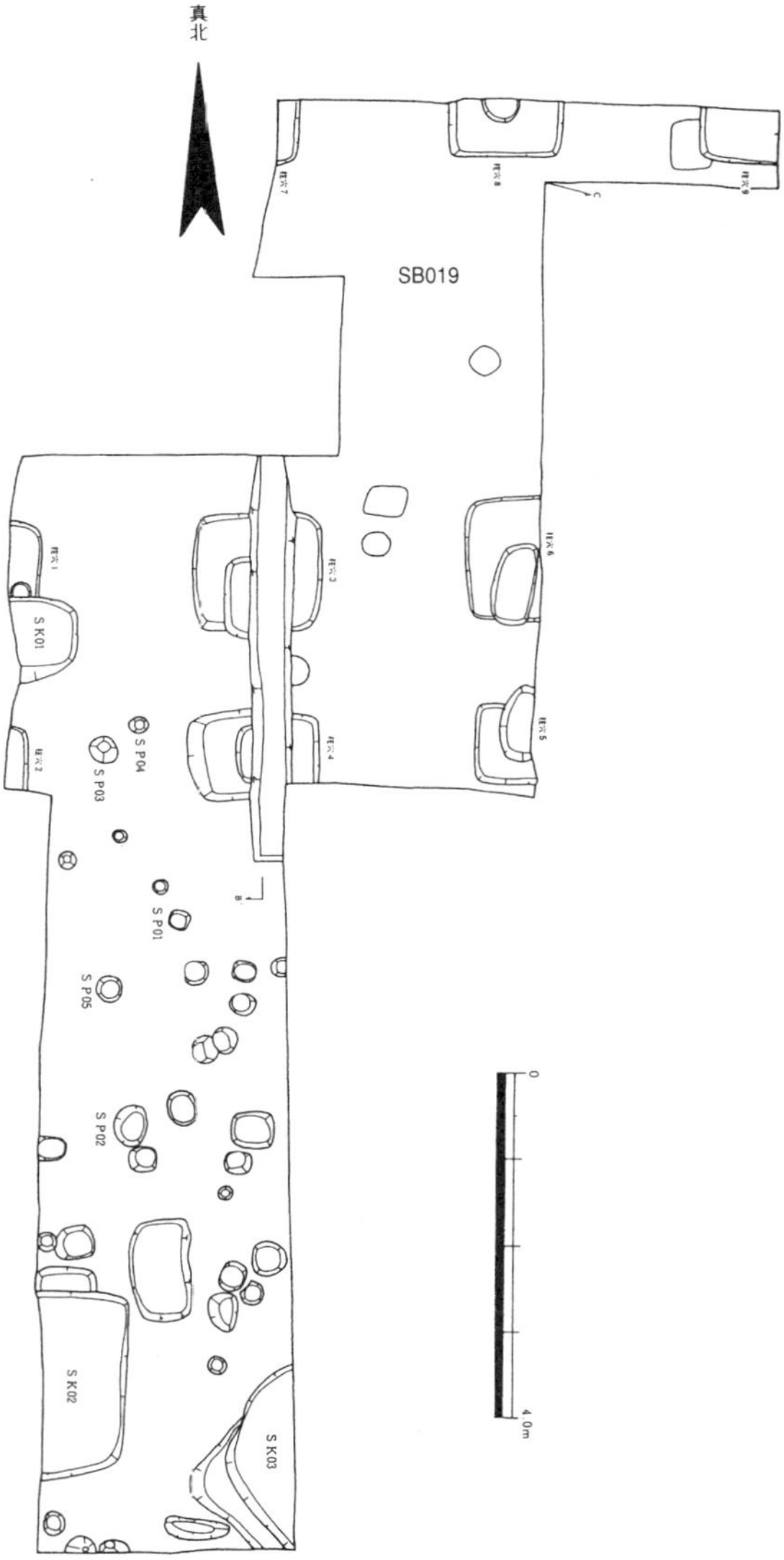

図18　錦織第16地点検出遺構（正殿北方建物）

津宮時代、あるいはそれより古い段階で、渡来系の人たちが居たんだろうか、具体的にどういう状態だったのかということは、やはりそれを遺跡から確認する必要があるだろうと思います。

次に、「大津宮時代頃の大津北郊の地勢」という図（図19）を見ていただきたいと思います。基本的に大津北郊の地形はいまと変わりないのですが、いろいろ建築工事中に立ち会いながら、地形その他、地下の土層堆積状況を観察してみますと、現在の湖岸線よりも、大津宮時代頃、七世紀段階ではもっと陸地側、つまり西側に湖岸線が在ったことがうかがわれ、大津宮が造られた時には、いまよりかなり狭長《せまなが》な地形であったと考えられます。

そして、それより古い段階には、その大津宮の山の手に網目で示した所、これは六世紀から七世紀前半にかけての古墳群ですが、横穴式石室墳を中心とする古墳がたくさんある。すでに消滅したもの、いまは人家の下になっているものなど含めますと、おそらく一〇〇〇基前後の後期古墳群といいますか、群集墳が存在したということが想定されます。そしてその古墳の構造が、渡来系の様相を呈しているということです。なぜそういえるのかということですが、そもそも日本で古墳に横穴式という構造の石室を造るようになったのは、これも渡来文化の影響ではありますけれども、すぐに日本の文化に溶け込んでしまいます。これについては、「滋賀県における横穴式石室の三タイプ」という図（図20）をご覧ください。

一番上の1番というのが「畿内型」といいまして、すでに早くから取り入れて日本化している型の石室構造です。その縦断面図・横断面図を見ますと、壁がほぼ垂直に近く立ち上がっている。

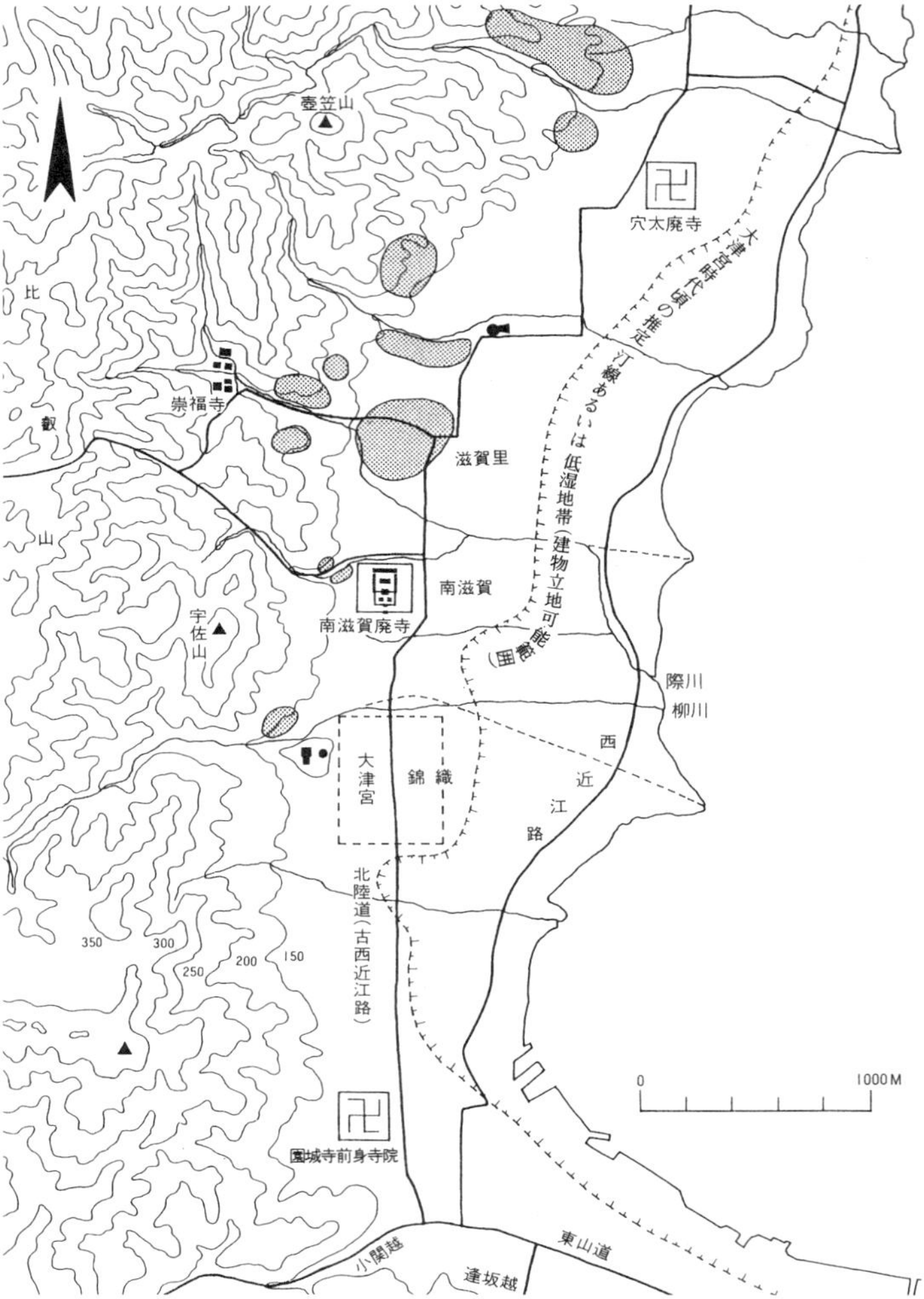

図19　大津宮時代頃の大津北郊の地勢
（黒丸等は前・中期古墳、網目は後期群集墳）

それから天井が、その場合は三石の石があるんですが、平天井《ひらてんじょう》といいまして水平に並んでいる。そういったところが、早くから日本化した横穴式石室の特徴です。次に、2番の場合は、壁面の石の持ち送りが強いといいますか、非常に壁が斜めに立ち上がっていまして、天井石が一つである。これが、渡来系のいわゆる「ドーム型石室」です。それからもう一つ3番目、これは天井は平天井ではありますが、床面《ゆか》を見てみますと、奥の玄室《げんしつ》という遺体を安置する部屋が、そこへ至る通路、羨道《せんどう》より一段下がっている。階段があるので「階段式石室」と呼んでいます。これも渡

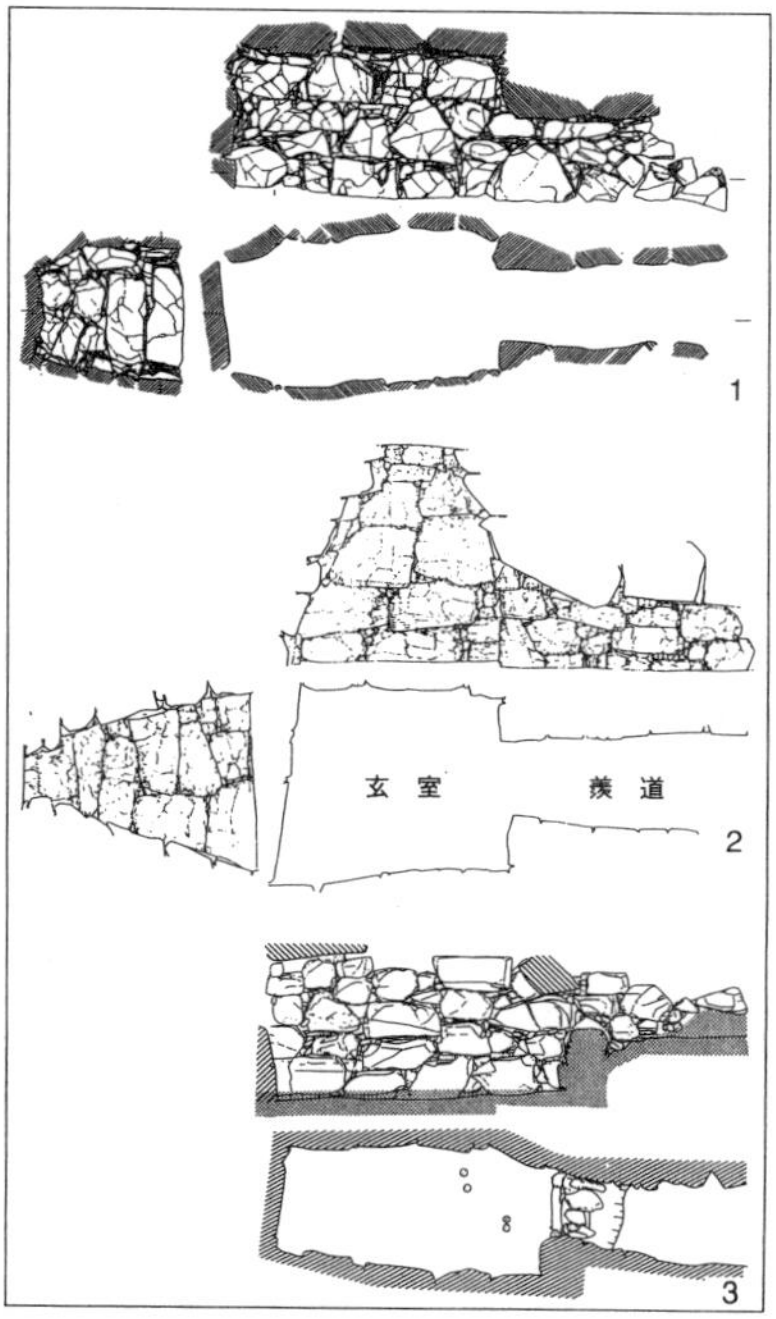

図20　滋賀県における横穴式石室の3タイプ
1．畿内型石室　八幡社46号墳1号石室（八日市市）
2．ドーム型石室　矢倉1号墳（大津市）
3．階段式石室　天狗前7号墳（蒲生町）

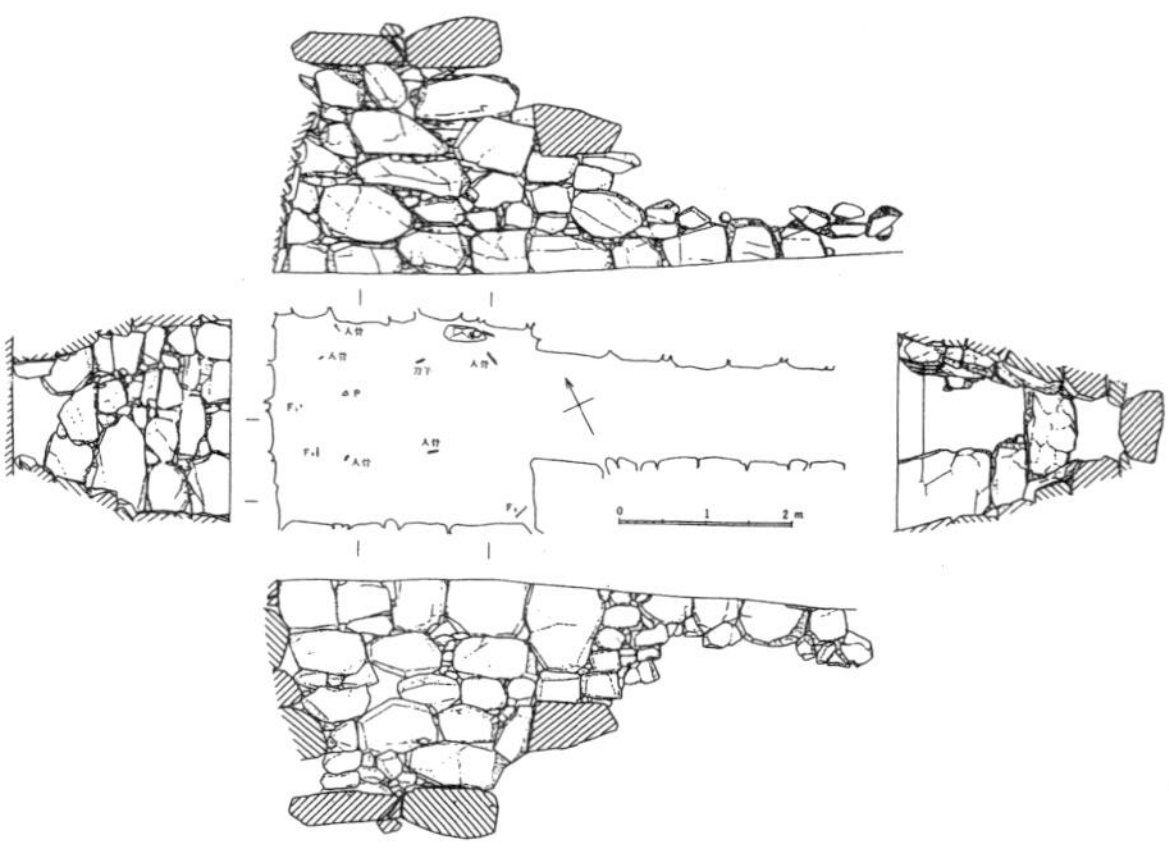

図21　大津北郊の穹窿頂持送り式石室（福王子8号墳）

来系の要素をもっています。3番の系統は湖東周辺といいますか、栗東《りっとう》から犬上《いぬかみ》郡辺りにかなりまとまって出土する、そういった渡来系古墳の一つの類型です。一方、大津北郊にありますのは、2番のドーム型の類型です。これが、六世紀前半から七世紀にかけて、たくさん存在します。「福王子八号墳」の図（図21）が、その例です。これは、南滋賀廃寺のすぐ西側にある古墳ですけれども、このように石室がドーム型の形状をしていることが知られます。

そして次に、「ミニチュアかまどセット」の図（図22）をあげていますが、これは、大津北郊のドーム型石室の古墳の副葬品《ふくそうひん》です。死者を葬るときに一緒に葬るものですが、その副葬品の中に「ミニチュアの炊飯具セット」といいまして、粘土で作った小さな移動式の竈《かまど》もあります。それも渡来系の人たちが使っていた要素が

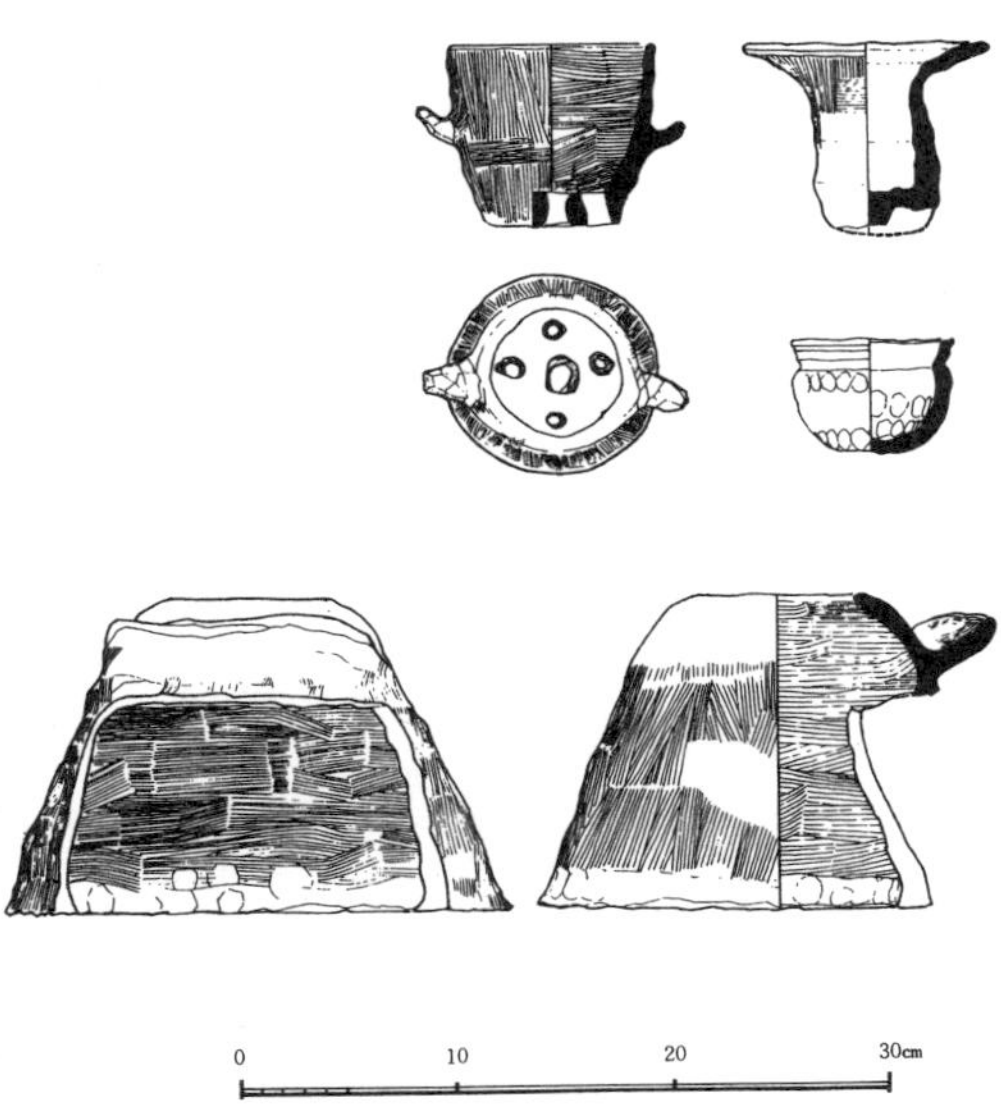

図22　福王子２号墳出土のミニチュアかまどセット

あるんですが、その、死者のためだけに使ったミニチュアのものが、竈と甑《こしき》と釜といった穀物を蒸す道具をセットにしたかたちで、多くの石室に副葬されているといった特徴があります。ほかにも、金銅製の簪《かんざし》を副葬するとか、渡来系特有の特徴がある古墳が、たくさん大津北郊にはあるんだということです。

　それと最近では、穴太遺跡などで見られましたように、大壁造りの建物が見つかっています。穴太遺跡には、六世紀後半ぐらいから七世紀にかけての重複した集落跡があったのですが、そこには図23や図24のような「大壁造《おおかべづく》り」と呼ぶ住居が見つかっています。大壁造りというのは、壁を全部塗って柱を見えなくする構造のもので、朝鮮半島の民家は近年までこういったかたちのものが多かったんですが、そういったものです。それから、この集落では住居に礎石《そせき》も使

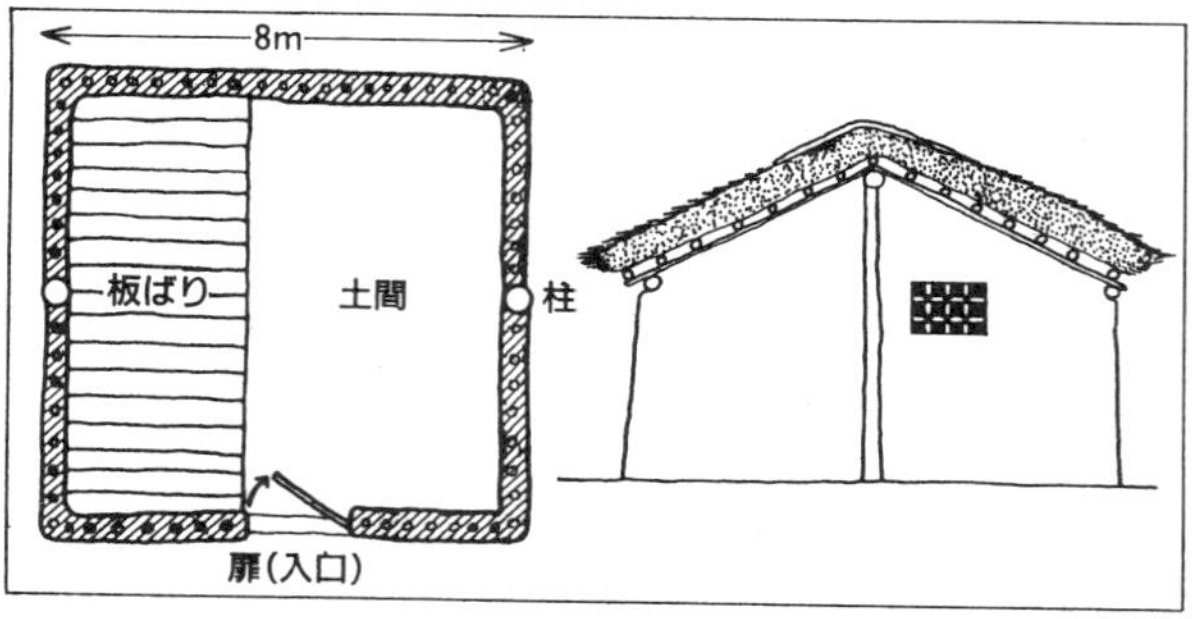

図23　切妻大壁造り住居（建物復原：宮本長二郎）

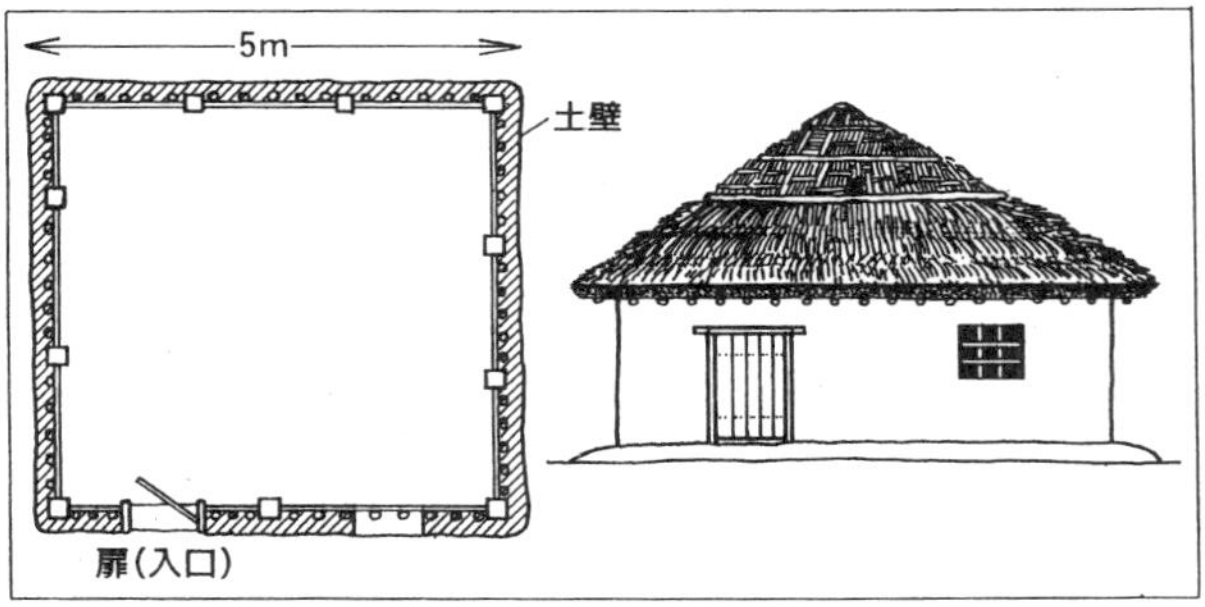

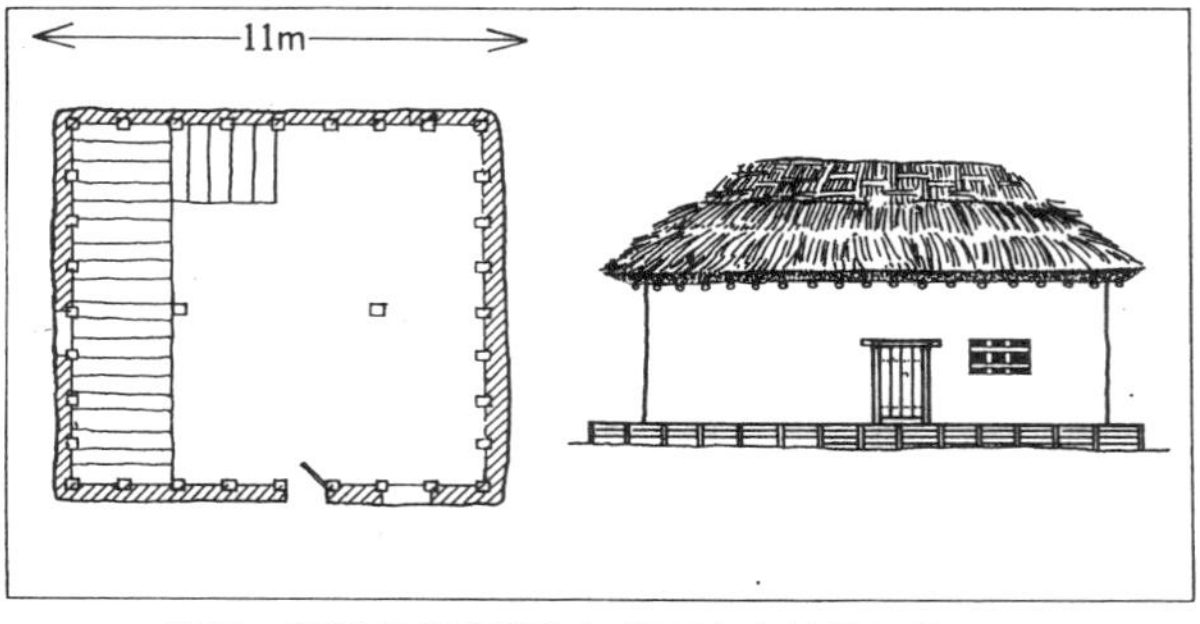

図24　草葺きの宝形造り住居と寄棟造り住居
（建物復原：宮本長二郎）

っている（図24の上・下）。礎石を使った、全国でも古い段階のものがここで見つかっていますが、そういった非常に特徴のある建物です。

また、図25は、穴太遺跡で見つかったオンドルの図です。中国東北部などで「炕《カン》」といわれるものです（図26）。現在も使われておりまして、去年私がちょうど今頃、中国の東北部の小さな村で昼食をした時、地元の人たちが、食後にこういった暖かい所へ横たわっている。私もそこに

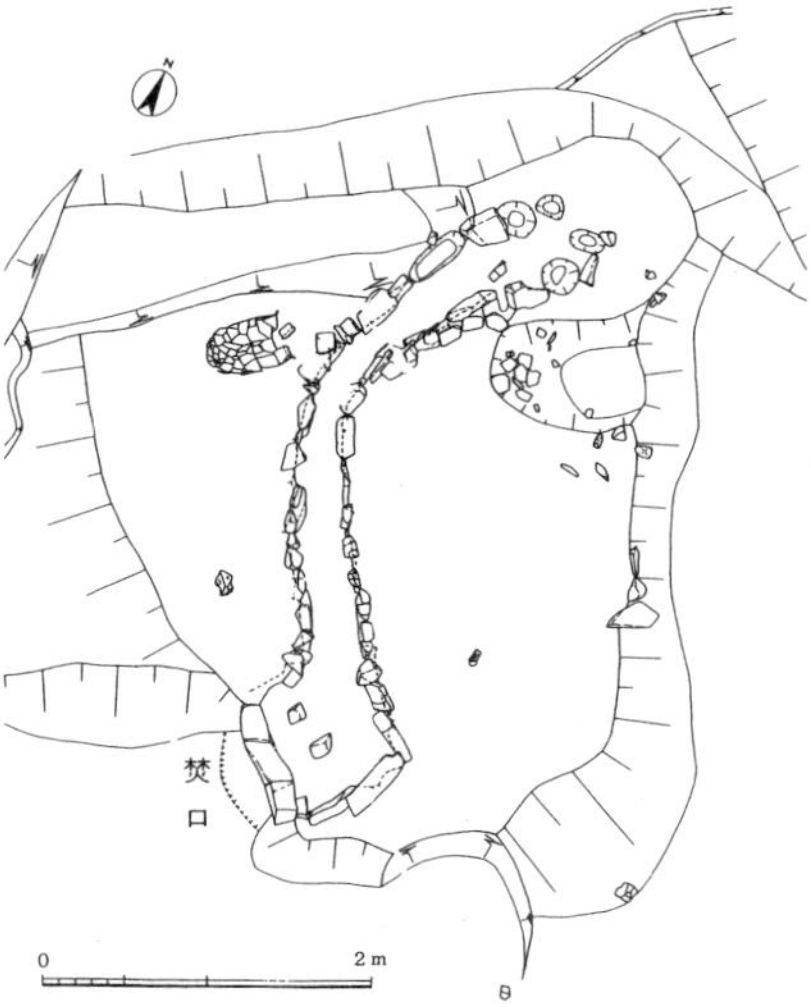

図25　大津市穴太遺跡のオンドル

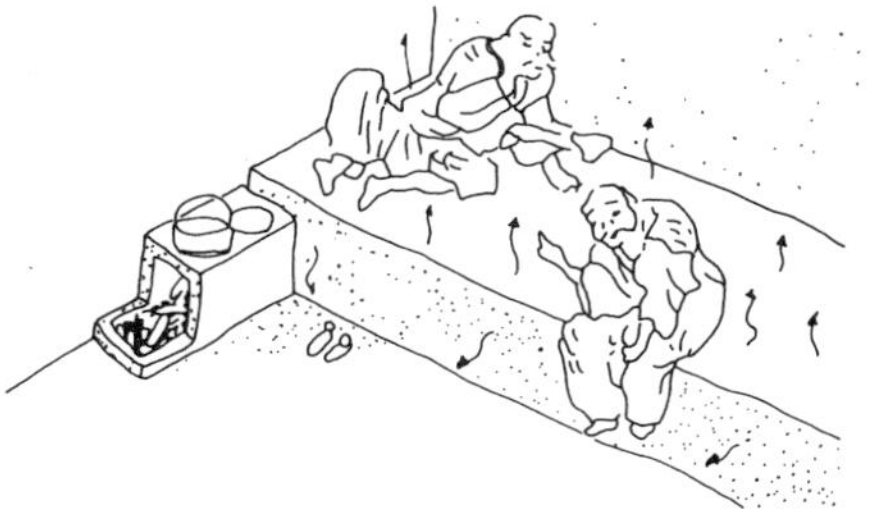
図26　近年の「炕」

座ってみると非常にぽかぽかと暖かかった。そういったものが現在もあるわけですけれども、それに共通する構造のものが穴太遺跡では見つかっている。これも調べてみますと、中国東北部から朝鮮半島にかけて、類似の遺構がたくさん出ており、古い文献史料にもでてきます。

図27は、六世紀末から七世紀初頭の穴太遺跡の集落の遺構図です。掘立柱の建物もありますけれども、礎石の建物とか、大壁造りの建物がある。そこでは、村の外側に溝を掘りまして、その内側に垣根というか塀を作っていました。そして、集落の中には、花梨《かりん》とか桃を植えている。その上層の遺構、七世紀前半から中頃の集落（図28）でも、大壁造りの建物などが見つかりました。つまり、平安時代の文献史料だけでなく、それよりもかなり古い時代の遺構からも、大津北郊には渡来系の人たちが、だいたい六世紀ぐらいから多く住んでいた。そういった地域であるということがいえると思います。

さて次には、さきほど大津京の都の中には四つの寺院があったと申しましたが、その四つの寺院について少し考えてみたいと思います。まず、穴太廃寺ですが、図29の位置図と図30の主要伽《が》藍《らん》遺構図をご覧ください。穴太廃寺は、このように二つの寺院が重なった状態にありまして、下層の寺院跡の地割、つまり創建の早い段階の寺は、真北よりもかなり東に振っている。そして、上層の方、再建の寺院はほぼ真北に合っています。これは、錦織で検出された宮殿の遺構群の方位とほぼ合致しており、大津京の都市計画に沿って建て替えたと見られる遺構です。そういう状況が分かるものです。そして、穴太にはこの二つの寺院よりも西北の一段高い所に、もう一つ寺

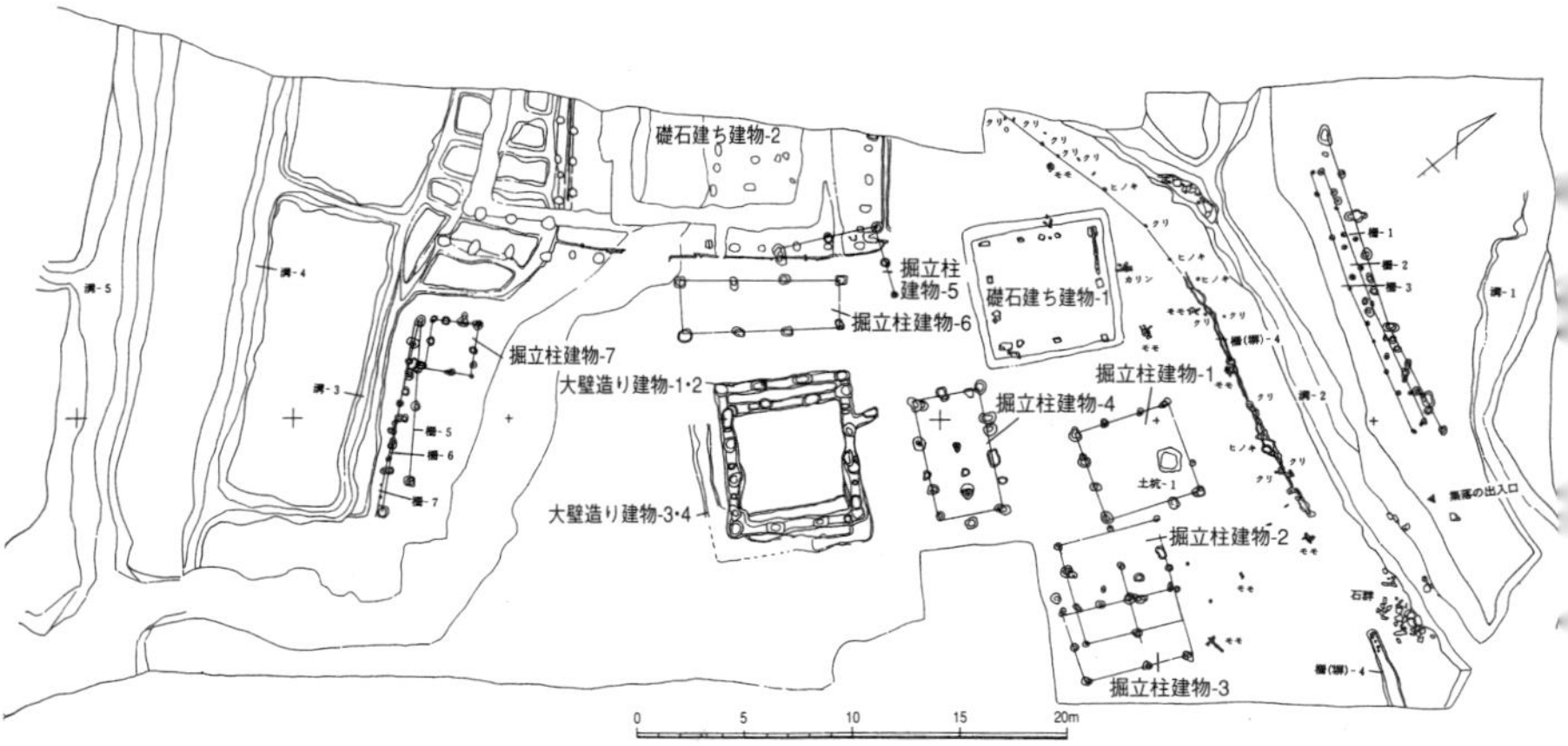

図27　穴太渡来系集落　第２遺構面（６世紀末～７世紀初頭頃）

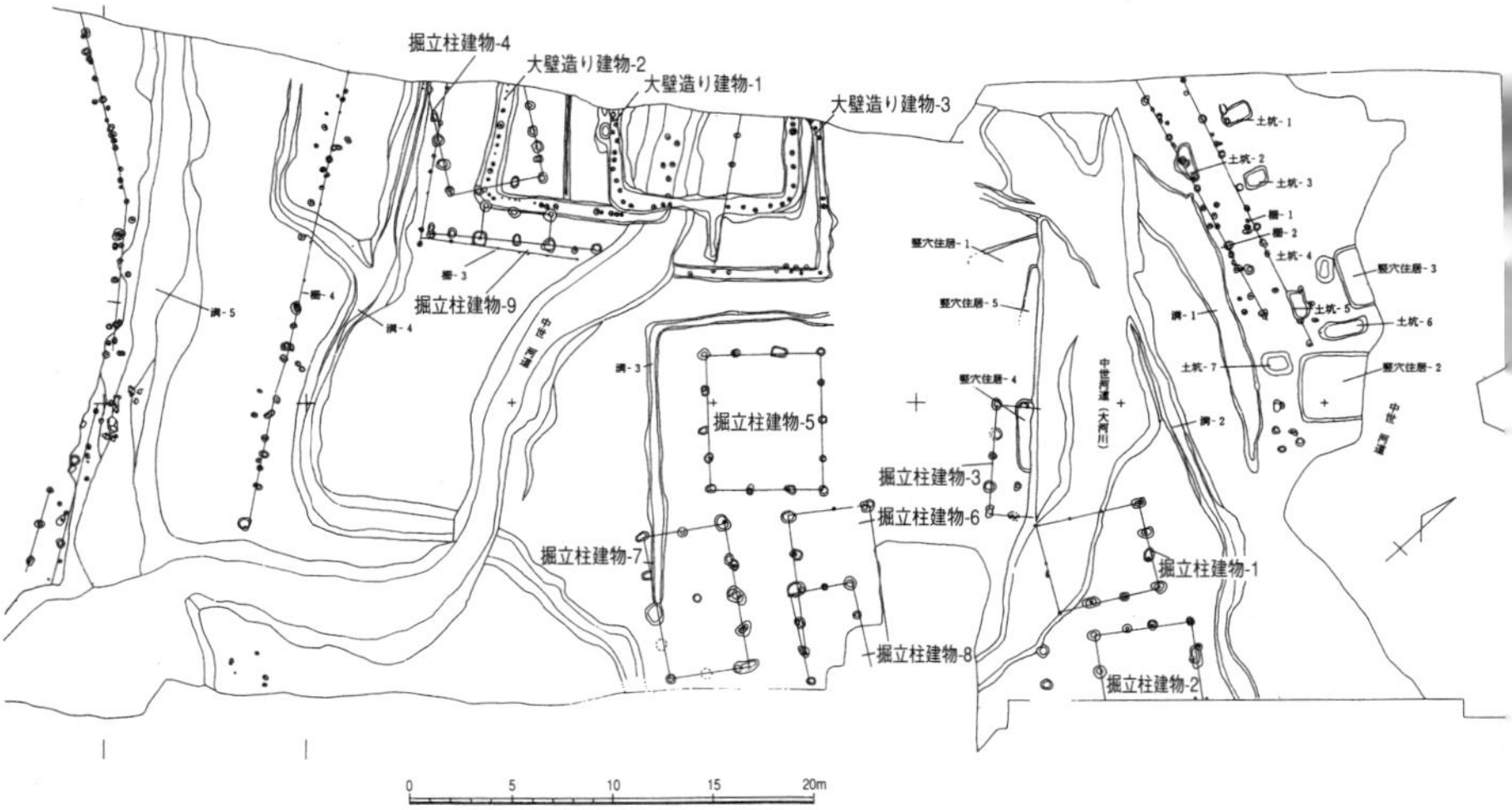

図28　穴太渡来系集落　第１遺構面（７世紀前半～中葉頃）

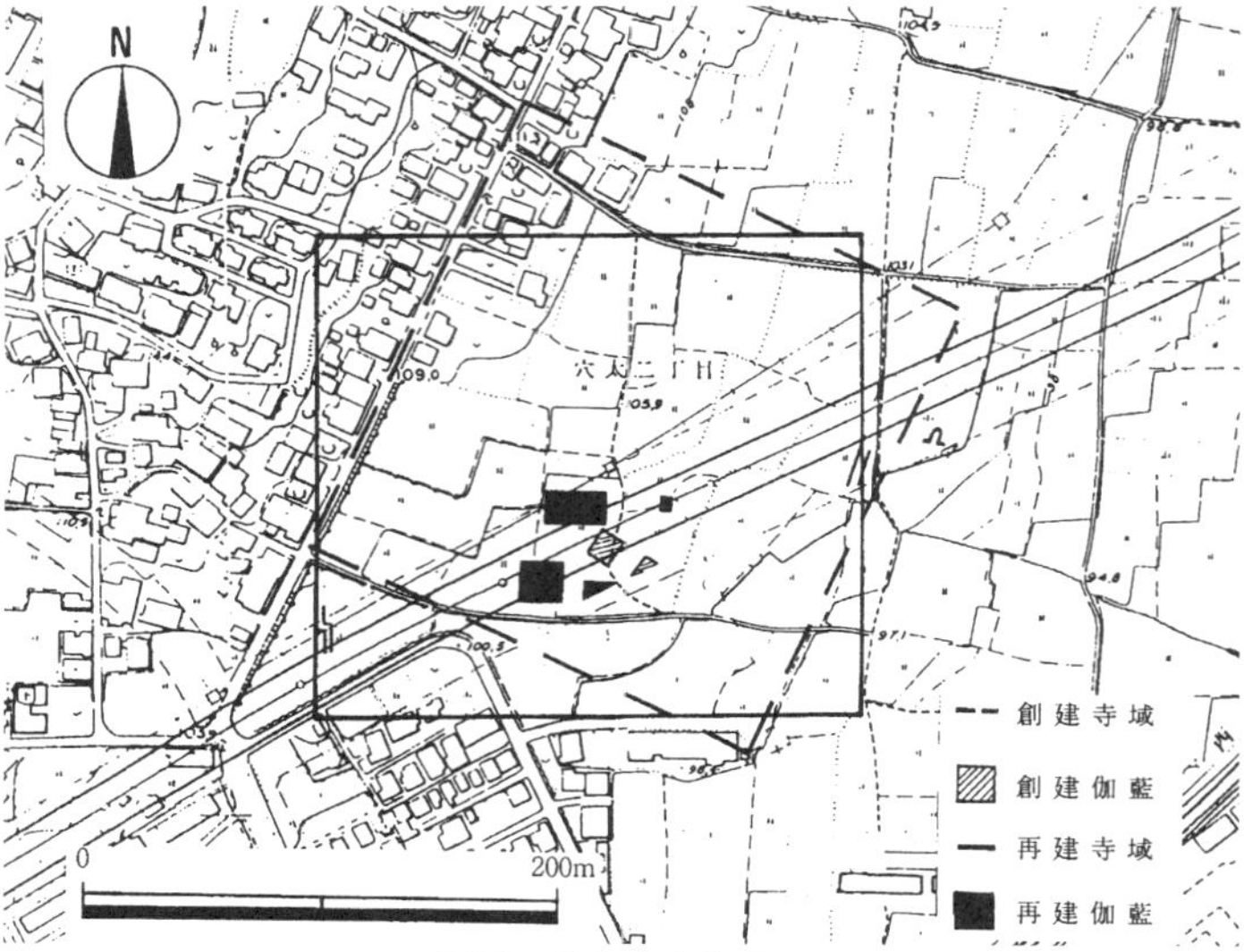

図29　穴太廃寺位置図

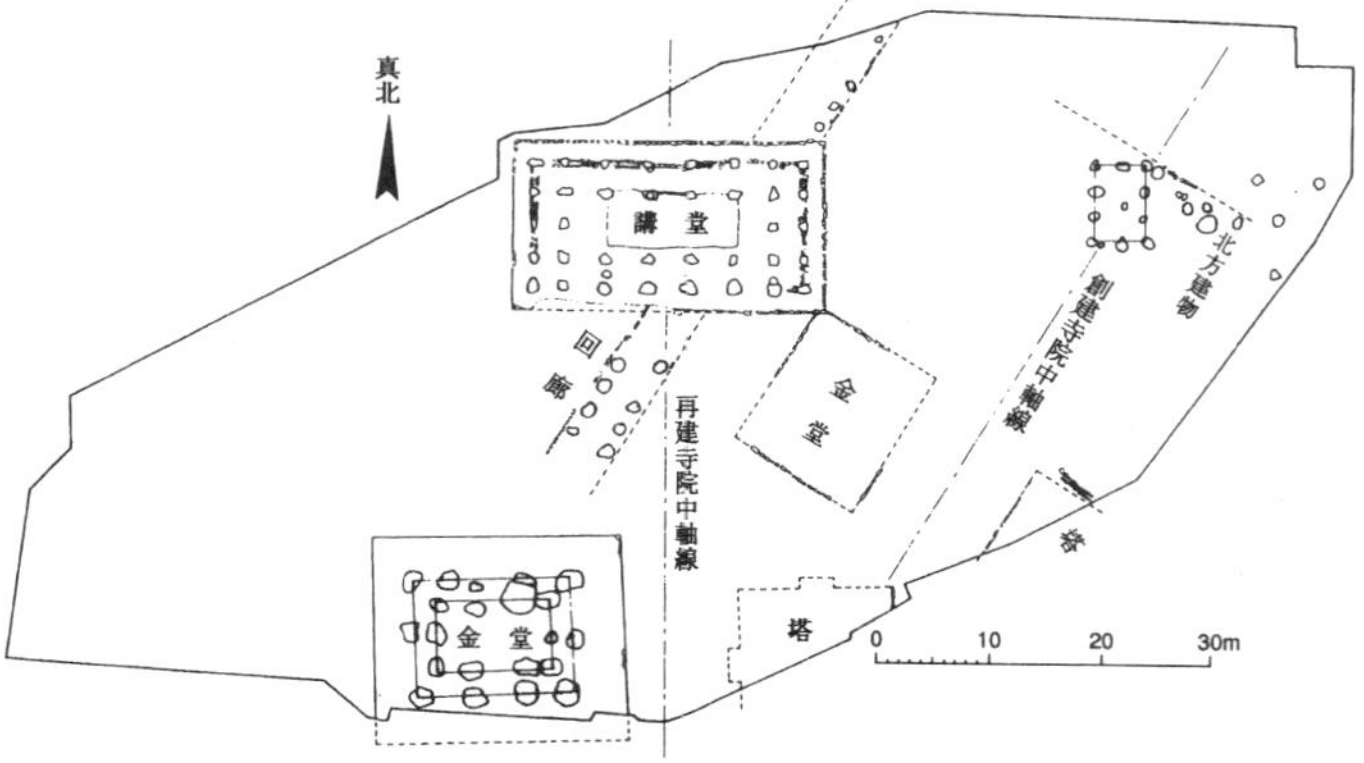

図30　穴太廃寺主要伽藍検出遺構

院があったようです。それは、飛鳥《あすか》時代の瓦を出すものですけれども、そういう寺院がもともと早い段階、七世紀の前半段階にすでに造られていた。これを前期穴太廃寺と呼んでいます。おそらく渡来系の人たちの氏寺《うじでら》ですね。それが、大津京直前の段階で、場所を東南に少し移して新たに建てられていた。これを後期穴太廃寺の創建寺院と呼んでいますが、それが、大津京の段階で、大津京の都市計画に沿って建て替えられたものが再建寺院だろう、結論だけ申しますとそういうことになります。

そして次に南滋賀廃寺を見てみますと、図31の主要伽藍図を見ていただきたいんですが、南滋賀廃寺の主要伽藍はこういった配置になっていますが、伽藍のその中軸線、南北の線は、錦織で見つかった大津宮の中軸線、それを北へ延長しますと、この南滋賀廃寺の真中の中軸線にほぼ合致します。南滋賀廃寺は、そういう都市計画のもとに建てられた寺であるというぐあいに見ていいと思います。それから園城寺の前身寺院（図32）ですが、現在の境内にありまして、そこを防災工事する時に立ち会いながら、どの範囲に白鳳期《はくほう》（七世紀後半）の瓦が出るのかを見ておりますと、図に点線で描いておりますように、だいたい二〇〇メートル四方の範囲くらいで瓦が出ており、その辺りに古い段階の寺院があっただろうということがうかがえます。また、図33は、崇福寺の主要伽藍配置図ですが、崇福寺は南北に並ぶ三つの尾根上に立地しており、その北側二つ、弥勒堂《みろくどう》跡と小金堂《しょうこんどう》・塔跡と、最も南側の金堂跡とでは、礎石の並びつまり建物の方位が五～六度違いまして、そのことなどから、北二つが大津京時代の崇福寺、南側は平安時代の桓武《かんむ》天皇建

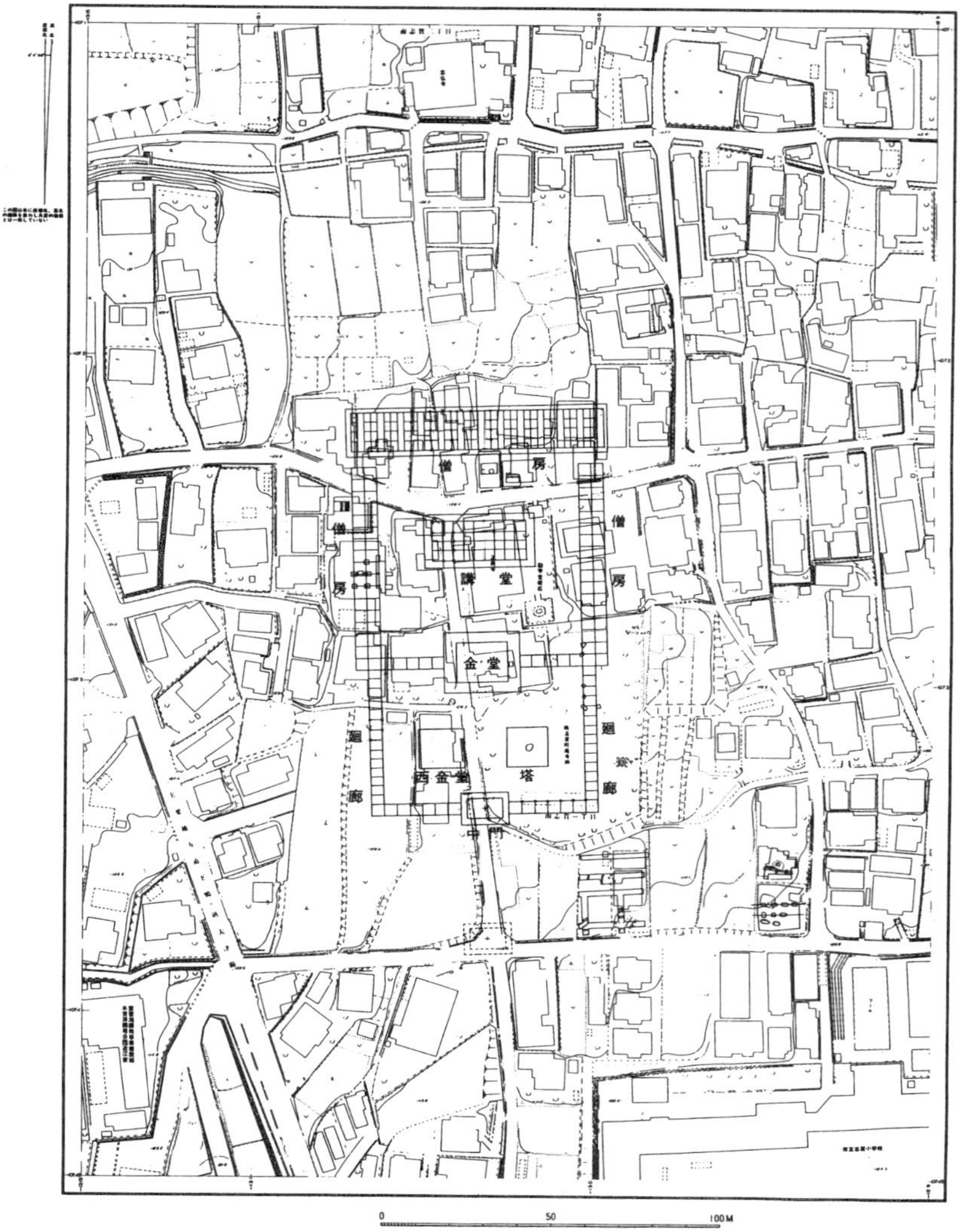

図31　南滋賀廃寺の主要伽藍と地形図

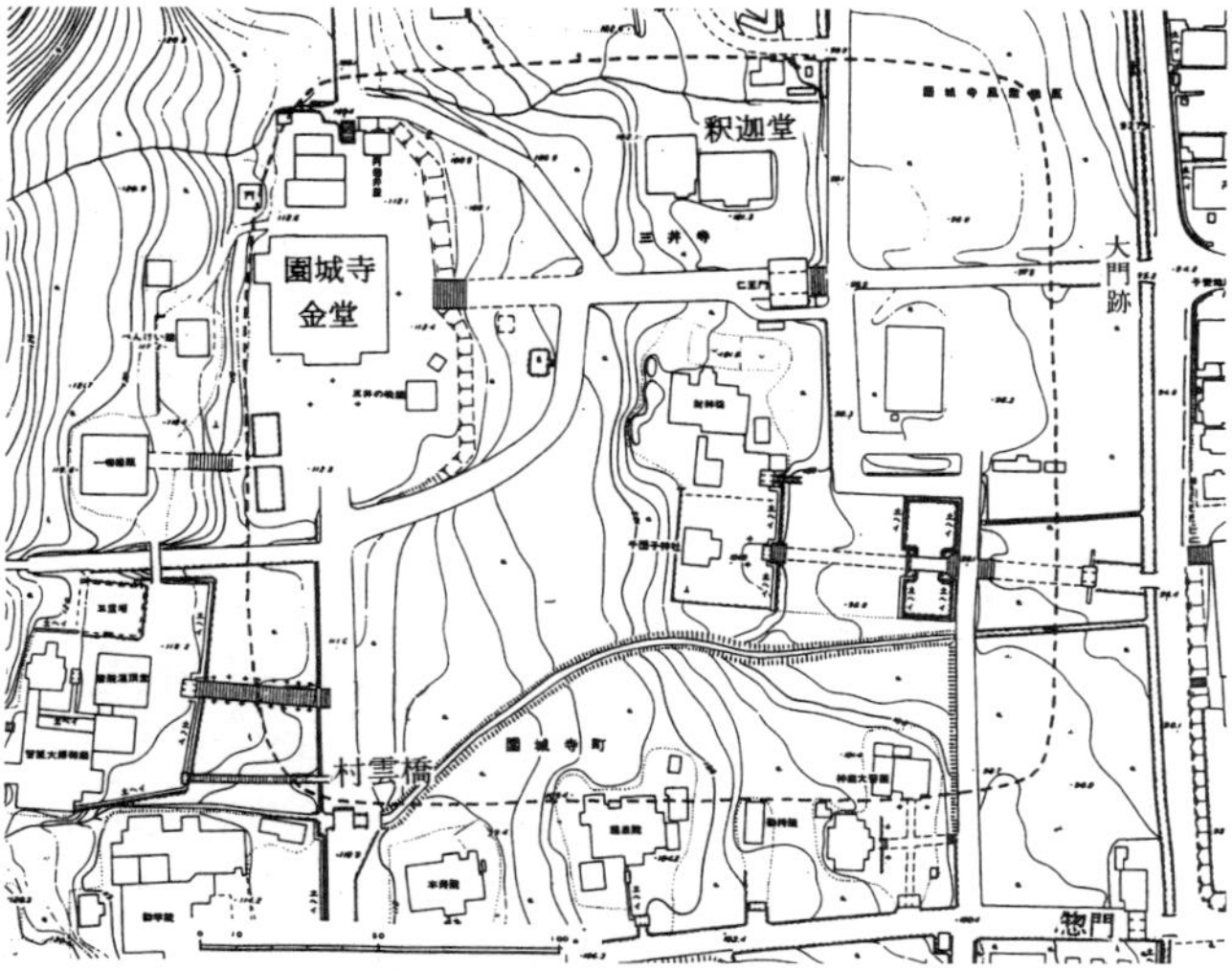

図32　園城寺の初期寺院の予想される範囲

図33　崇福寺跡地形実測図

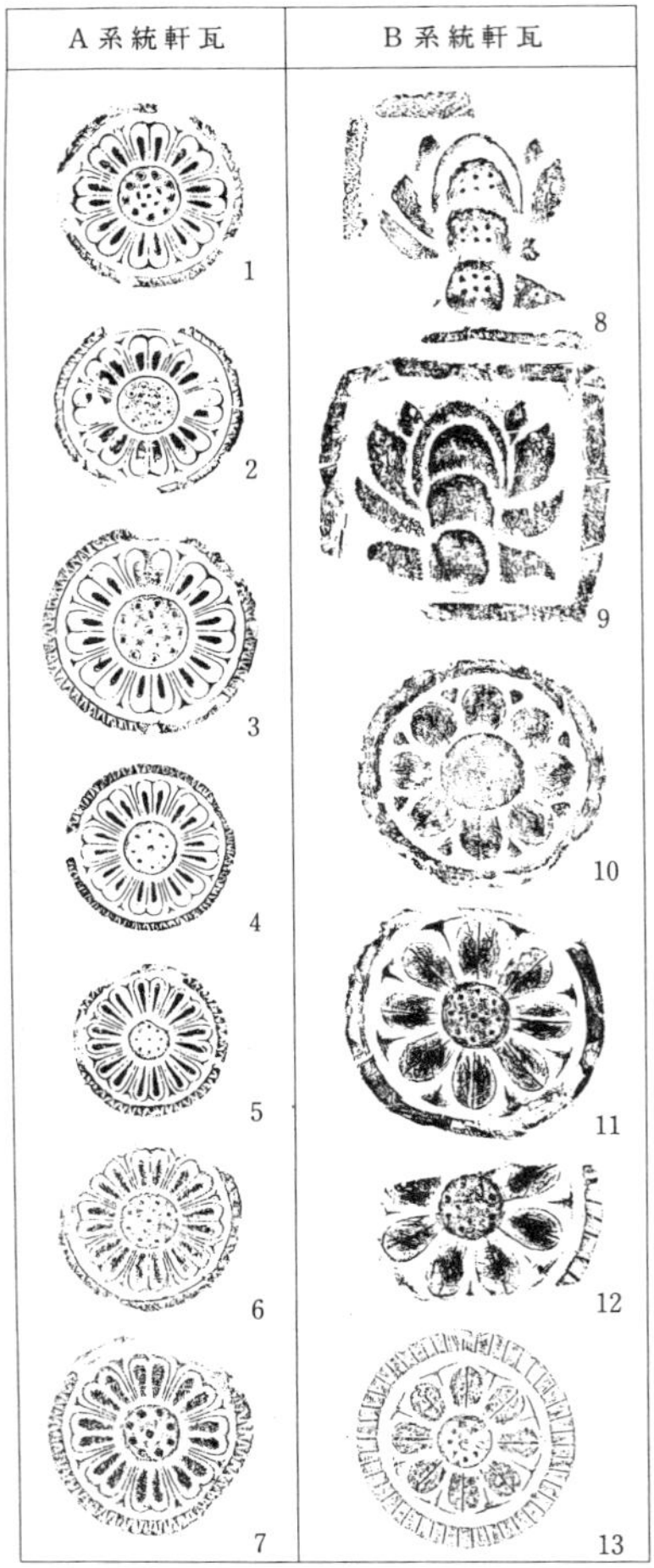

図34　大津京内寺院の２系統の軒瓦
榿木原瓦窯＝１・２・４・５・８・10、
南滋賀廃寺＝３・９・11・12、
穴太廃寺＝６・７・13

立の梵釈寺《ぼんしゃくじ》と考えるのが妥当だろうと思われます。いうまでもなく、崇福寺は大津宮の北西の方角に天智《てんじ》天皇勅願寺《ちょくがんじ》として建てられたとされる寺院です。

それで、ここで問題にしたいのは、その瓦なんです。南滋賀廃寺・穴太廃寺などで出土する軒瓦の系統を整理したものが、図34になります。A系統とB系統に整理できまして、A系統というのは、複弁《ふくべん》蓮華《れんげ》文《もん》軒丸瓦《のきまるがわら》といいまして、じつは大津京時代頃に初めて使われ始める瓦です。一般には、大和《やまと》の川原寺《かわらでら》が最初だという意見が大半ですけれども、川原寺の瓦作りの技法が大津京のこれらの寺院のA系統瓦にはまったく認められないことなどから、私は、大津京で使われた方が古いだろうというふうに考えております。次にB系統はいわゆる単弁《たんべん》系の瓦で、これはやや古い段階から使われている渡来系の人たちが使った瓦です。なぜ渡来系といえるかといいますと、12番とか13番の瓦を見ていただきますと、これは南滋賀廃寺と穴太廃寺の瓦ですが、その瓦の外側に周縁《しゅうえん》という縁《ふち》があり、そこに自転車のスポークのように放射状の線が入っている。これを輻線文《ふくせんもん》と呼んでいますけれども、そういった文様《もんよう》を持つ瓦は大和《やまと》でも渡来系の寺院によく使われるものです。それから8番・9番は一見、文様がサソリに似ているところから俗に「サソリ文瓦」と呼ばれていますけれども、これは蓮の花を横から見たものを意匠にしたものです。普通、瓦というのは、蓮の花を上から見た形を表していますので、非常に変わった意匠です。それに、普通瓦といいますのは、瓦当《がとう》の文様部があって、それにこう後ろに伸びる所（丸瓦部）がありますね。それの横断面形が、A系統はすべて円形ですが、B系統の8番・9番は方形になります。じつは、10番の瓦も瓦当は丸いんですが、後ろに伸びている所は四角い、方形になっています。ですから、同じ系統だと考えられるわけです。そして、その焼き方も、A系統の瓦はねずみ色に仕上げており、B系統というのは赤褐色に仕上げる傾向があります。

以上のような特徴や使用例から、B系統の瓦はもともと渡来系の氏寺に使われていた瓦で、A系統の瓦というのは大津京造営の時に新規に作られて葺かれた瓦、そう理解できると思います。そして、そのA系統の瓦は、穴太廃寺・崇福寺・南滋賀廃寺、いずれの寺院跡からも出てまいります。B系統の瓦も同じ程度の量が出ますが、崇福寺跡では使われていません。それで、何がいえるかといいますと、じつは穴太廃寺でも、創建寺院で使われた瓦は、このB系統の単弁系の瓦だけなんですが、再建寺院ではA系統とB系統と両方使われている、そういう調査事実があります。ですから、このA系統は大津京の時に考案されて、初めて使われた瓦であって、大津京造営に合わせて再建された寺院に使われたものだ、というふうに考えることができます。

　南滋賀廃寺の場合は、調査が戦後間もなくのことで、そこまでの問題意識なしに発掘されていまして、まだ不明な点があるんですけれども、その南滋賀廃寺の瓦を焼いた窯跡《かまあと》、榿木原《はんのきはら》瓦窯《がよう》といいますが、その窯跡の調査によって、A系統・B系統とも両方同時に焼かれているという結果が得られました。ですから、南滋賀廃寺の伽藍は、両方の瓦を使っているようで、両方の瓦を使っているということは、大津京直前にはB系統による渡来系氏族の氏寺であったものが、これも穴太廃寺と同様に、大津京の整備の過程で新たにA系統の瓦が加えられ、大津京の都市計画に従って造り直されたものだろう、というふうに想定することができます。

　それから、園城寺の前身寺院でも、両系統の瓦が、じつは出ているんです。それらをまとめたのが、「大津北郊における古代寺院」の表（表2）です。地域を、穴太地域・滋賀里《しがさと》地域（崇福寺）・南滋賀地域・錦織～園城寺地域と分けますと、すでに七世紀前半の段階で、前期穴太廃寺があった。遺構はまだ分からないですが、瓦は素弁《そべん》系のものが出ており、それから鴟尾《しび》も出ています。それは西北の一段高い所にあったとみられる寺院跡です。そして大津京直前には、その少

表2　大津北郊における古代寺院

地域＼時期	7世紀前半	大津京直前	大津京時代
穴太地域	前期穴太廃寺 素弁系瓦 鴟尾	後期穴太廃寺創建寺院 単弁系瓦（B系統）	後期穴太廃寺再建寺院 複弁系瓦（A系統） 単弁系瓦（B系統）
滋賀里地域			崇福寺 複弁系瓦（A系統）
南滋賀地域		前期南滋賀廃寺 単弁系瓦（B系統）	南滋賀廃寺 複弁系瓦（A系統） 単弁系瓦（B系統）
錦織～園城寺地域		前期園城寺前身寺院 単弁系瓦（B系統）	園城寺前身寺院 複弁系瓦（A系統） 単弁系瓦（B系統）

注：[点線枠] 遺構は未確認であるが、出土瓦による判断。

し東南部に、後期穴太廃寺の創建寺院が造られた。それは単弁のB系統の瓦を使っています。それから、南滋賀廃寺も、遺構はまだ確認できていないのですが、おそらくB系統の瓦を使った前期南滋賀廃寺と呼ばれるような寺院があったであろう。そして、錦織～園城寺地域では、これも瓦だけからの判断ですが、B系統の瓦を使ったものがあったであろう。そして大津京時代に、それらをいずれも都の中にとりこんで、A系統・B系統の瓦が作られ、使われた。一方、崇福寺は、天智天皇勅願《ちょくがん》の寺院と文献史料にありますので、その段階でA系統の瓦を使って造られたものだろうと考えます。

ですから、なぜ都が大津へ来たのか、ということを考える場合に、この狭い地域にすでに、大津京が来る前に、もう三つの大きな寺院が造られている。寺院を造るということは、政治的にも経済的にも相当な力がないとできない大工事なわけです。六世紀の段階からこの地域に住んでいた渡来系の人たちは、経済的にも文化的にも相当力を持っていた。そういった背景があって、天智天皇は、そういった渡来系の人たちのバックアップ、積極的な参与によって大津京の造営をなしとげることができたのだろうと、ここに渡来系の人たちと大津京とのからみが考えられるわけです。

そしてもう一つはですね、これもさきほど井上先生が文献史料からおっしゃいましたように、大津へ都が来るには、やはり高句麗《こうくり》との関係が強かっただろうと思います。朝鮮半島でまだ命脈を保っていた強国の高句麗と結ぶことによって、唐《とう》・新羅《しらぎ》を牽制《けんせい》し、わが国の存亡の危機を乗り越えようとしたのではないか。遷都の年、六六七年段階において、高句麗は瀕死《ひんし》の状態ではあったものの、遷都の準備を始めた数年前は高句麗はまだまだ健在でありまして、その既定路線に従っての近江遷都であったと思われます。

写真21　高爾山城の東城南門址出土瓦
上：瓦当文様
下：瓦当裏面の粘土の継ぎ目・布目痕
（丸瓦部の左端には切断用の小孔痕が認められる）

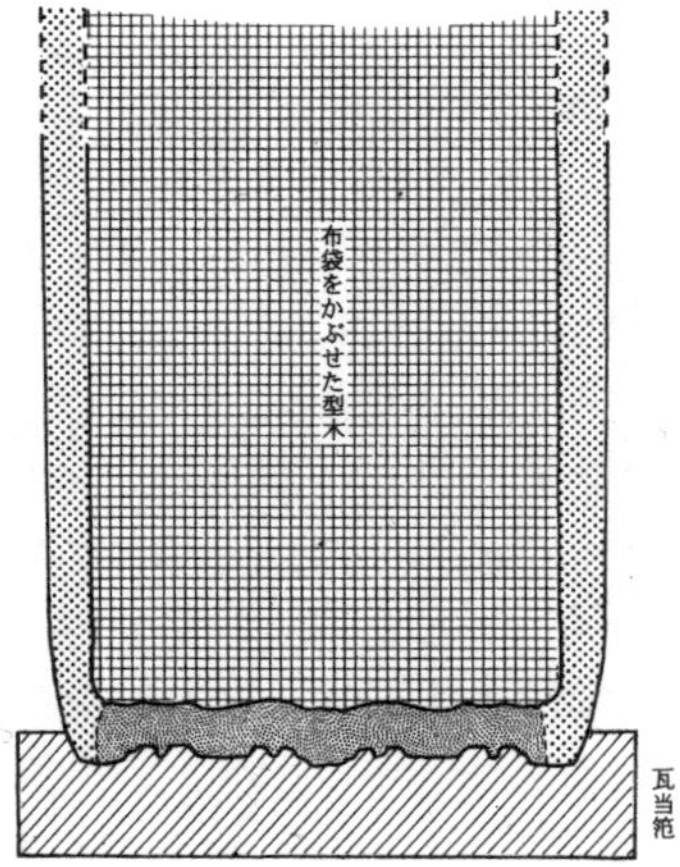

図35　高爾山城出土軒丸瓦製作復原模式図

では、高句麗との関係が、文献以外の物的証拠として果たしてあるかどうか、というところが問題になるわけです。これは、非常に瓦の細かな作り方の問題からの考えですけれども、私が中国東北部の撫順《ぶじゅん》市にあります高爾山城《こうじさんじょう》へ行ったときに、東城の南門址に瓦がたくさん落ちていたのですが、そのうちの一つがこの瓦（写真21）です。この瓦は、なかなか年代は決めにくいのですが、大津京よりも前の段階、だいたい六世紀末から七世紀前半と見ていいのではないかと思います。この城は、高句麗の対西方の第一拠点でありまして、唐軍に何回も攻められている経歴をもつ城です。そこの瓦の作り方ですが、図35がその瓦製作の復原模式図です。瓦の裏面に布目《ぬのめ》がついていて、粘土のつなぎ目が見えると思いますけれども、このような軒丸瓦を製作する場合、その瓦当部いわゆる文様の部分と、それに付随する丸瓦部を、瓦工人たちはいかにして割れにくく接合するか、というところに非常に苦労するんです。そのつなぎ方の方法が、いわゆる「一本造り」という技法を用いています。普通は先に丸瓦部を作っておいて、次に瓦の文様の「笵《はん》」（型）に粘土を押しつけて瓦当部を作り、それに先に作ってやや

写真22　榿木原瓦窯焼成瓦IC型式
右：瓦当文様／左：同一軒丸瓦裏面の絞り目痕、
丸瓦部凹面の「一条のすき間」、粘土の合せ目

乾燥した丸瓦部をつぎ足す。ですから、乾燥の度合いが違うのでその継ぎ目からよく割れるのですが、これは、それを同じやわらかい段階でくっつけている。しかもその時に、写真に布目が見えますように、布をかぶせた丸い木を媒体としてそれはくっつけている。こういう状況がうかがわれるのが、高爾山城の瓦です。

じつは、この高爾山城の瓦と、大津北郊とくに南滋賀廃寺とか園城寺で見つかる複弁系（A系統）の軒丸瓦は、同じような造り方をしているんです（写真22）。同じようにですね、布袋《ぬのぶくろ》を丸太のようなものにかぶせ、それに粘土を巻いて、別途に作った「笵」に粘土を置いたものと、同じ粘土の状態でくっつける。これらは同じ方法で接着しています。こういう事例は、じつは日本で、この時代では、大津京の瓦でしか見られないんです。大津京の瓦にのみ、高句麗と同じような瓦の製作技法が見られるということは、高句麗との関係の物的証拠と考えてよいのではないか。なぜ大津へ都が来たかというときに、文献史料から高句麗との関係が想定されますが、その高句麗との関係を示す物的証拠の一つとして、こういった瓦の技法をあげることができるのではないかと考えております。以上です。

井上　どうも林先生ありがとうございます。考古学者らしくといえば、あるいは失礼かもしれませんけれども、極めて禁欲的に古墳のあり方だとか、寺院址のあり方だとか、また瓦の製作技法にまで及んで、大津宮の背景を解き明かしていただきました。その時代という部分はまた、後ほどご発言いただくとしまして、それでは次に、栄原永遠男《さかえはらとわお》先生に「紫香楽宮《しがらきのみや》とその時代」ということでお話をいただきます。栄原先生は現在、大阪市立大学大学院の先生をなさっておられます。また、紫香楽宮跡調査委員会の副委員長をお勤めでもございまして、紫香楽宮について、いま日本で最もよく知っておられます方のお一人でございまして、紫香楽宮及びその時代のみではなく、現在、奈良時代研究の日本の第一人者と申しましてもけっしていい過ぎではない方でございます。それでは、栄原先生、「紫香楽宮とその時代」、つけたりが付いておりますが、「禾津頓宮《あわづのとんぐう》」「保良宮《ほらのみや》」も含めましたテーマでお話をお願いいたします。

基調講演3

紫香楽宮とその時代（付、禾津頓宮・保良宮）

大阪市立大学大学院教授／栄原永遠男

〈さかえはらとわお〉日本古代史専攻。奈良時代史、紫香楽宮・保良宮研究に詳しい。一九四六年生、京都大学大学院文学研究科博士課程修了。追手門学院大学助教授を経て現職。紫香楽宮跡調査委員会副委員長。博士（文学）。

〈主な著書〉『日本古代銭貨流通史の研究』（一九九三、塙書房）、『奈良時代の写経と内裏』（二〇〇〇、塙書房）、『今よみがえる紫香楽宮』（一九九九、信楽町教育委員会）。『新修大津市史』第一巻古代（一九七八）執筆。

■講演要旨

やはり紫香楽宮《しがらきのみや》は謎の宮だ。これは、昔からいい古されてきたことだが、現在でも実感を持ってそういうことができる。発掘調査で重要なことがわかり、それにもとづいて予想を立てると、つぎの調査ではそれに反する遺構があらわれて、その予想はみごとにくつがえされる。そのくり返しである。

今年度の調査結果もまた、そうであった。今年度は、「朝堂《ちょうどう》」を区画する塀などの施設が確認できるはずであった。ところが、東西棟《むね》の建物群が姿を現したのである。これはまったく思いがけないことであった。これをどのように考えるかは、紫香楽宮の中枢部の理解に大きく影響するであろう。

しかしながら、一方で、この数年間に、紫香楽宮の姿がだいぶ見えてきたことも事実である。禾津頓宮《あわづのとんぐう》跡とされる遺構の出現も、これに影響を与えたが、宮町《みやまち》遺跡（紫香楽宮跡）の調査が重要である。

その第二八次調査（二〇〇〇年度）で長大な西脇殿《にしわきでん》の存在が確認され、大いに注目されたことは記憶に新しいが、とりわけ重視したいのが、第二九次調査（二〇〇一年度）の成果だ。それは、離《り》宮《きゅう》として出発した紫香楽宮が宮都《きゅうと》として整備されたことを裏付けている。

奈良時代の中ごろから後半にかけて、紫香楽宮以外に、保良宮《ほらのみや》（北京《ほくきょう》）・由義宮《ゆげのみや》（西京《さいきょう》）が造営された。この二つの宮は、どこにあるのか、いまだに確たる手がかりすらつかめていない。しかし、紫香楽宮の構造の解明は、この二つの宮について、ある示唆を与えるかもしれない。

栄原でございます。林先生のお話のテーマは「大津宮とその時代」のみでございましたが、私の方は付録がついておりまして、「紫香楽宮《しがらきのみや》とその時代　付、禾津頓宮《あわづのとんぐう》・保良宮《ほらのみや》」となっております。時代的にも違いますし、別の都《みやこ》の話なのでどうしようかなと思ったんですが、いろいろ考えまして二つに分けさせていただきました。禾津頓宮につきましては、聖武《しょうむ》天皇の東国行幸《とうごくぎょうこう》論というような話になるかと思います。紫香楽宮と保良宮につきましては、「奈良中・後期型宮都《きゅうと》」というふうに、私は名前をつけているんですが、奈良中・後期の宮都論ということで、お話をさせていただこうと思っております。

まず、禾津頓宮関係ですが、聖武天皇は、天平十二年（七四〇）から約五年間にわたって、近畿地方を移動しつづけるわけであります。これにつきましては、従来は、藤原広嗣《ふじわらひろつぐ》の大反乱が九州で起きまして、その大反乱の勃発に誘発され、刺激を受けたものであって、あまり計画的なものではない、というふうなことがずっといわれてきたわけであります。で、そこから聖武天皇の性格まで論じて、弱弱《よわよわ》しいとか、広嗣の反乱に怯《おび》えて逃げ出したんだとか、そういうふうなことまでいわれておりました。

ところが、禾津頓宮と推定される遺跡が出てまいりまして、もしあれが禾津頓宮であるとすれば、これだけの建物が建てられたのだから、時間的な余裕は充分あったはずだ、と考えられるようになってきました。したがって、突然逃げ出して、このような立派な建物がいきなり出来るはずはないので、聖武の行幸はかなり計画的だったんだ、という論調が出てきたかと思います。そ

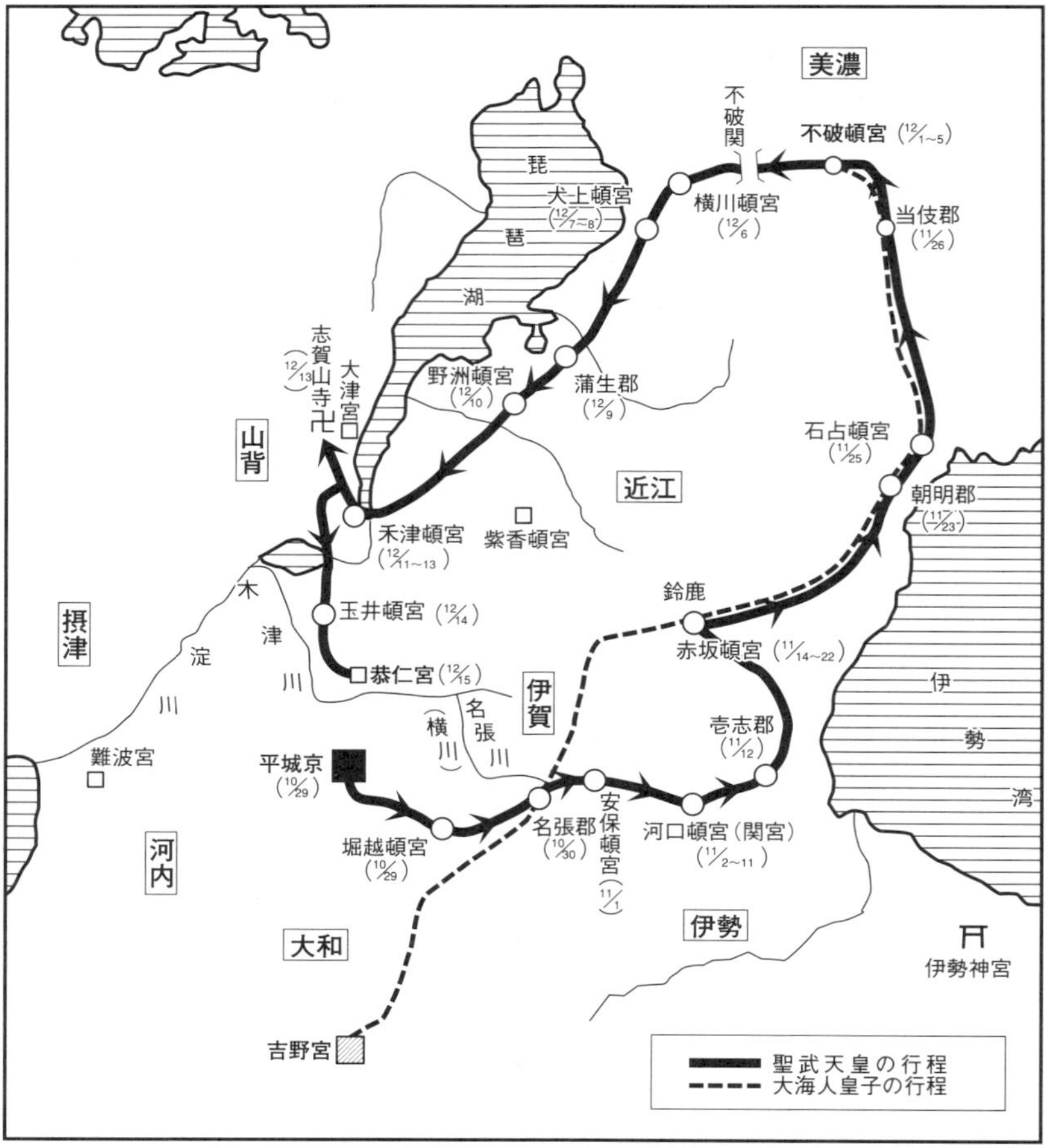

図36　聖武天皇の東国行幸行程図（付、大海人皇子の壬申の乱時の行軍行程）
注：（　）内の数字は、聖武天皇の天平12年（740）の行幸月日。

ういう論調をふまえて、いまの時点で、私がどのように考えているか、ということをお話したいと思います。

『続日本紀《しょくにほんぎ》』という書物に、藤原広嗣の反乱の記事が出てまいります。これについては、詳しくお話することはできませんけれども、天平十二年の八月二十九日に、藤原広嗣は上表文《じょうひょうぶん》(天皇に対する意見書)を提出しまして、九月三日条を読むと、そこに挙兵の記事があります。あと戦乱の経過がずっと書いてありますが、十月九日の条に、「板櫃川《いたびつがわ》」という川が出てきます。いま、JRの小倉駅をちょっと出た所にある小さな川ですけれども、そこで「板櫃川の戦い」という戦いが行なわれました。『続日本紀』は非常に詳細に、その内容を書いております。なぜそんなに詳細に書いているかといいますと、これが結局、藤原広嗣の乱の分かれ目、関ヶ原であったということなんですね。その乱で、当時の政府軍側が勝利、というか広嗣側が自滅したんです。それを受けて、約一〇日後の十月十九日になって、聖武は伊勢の国に行くといい出します。「造伊勢国行宮司《ぞういせのくにあんぐうし》」というのを任命するという記事が見えてまいります。これが聖武の東国行幸《とうごくぎょうこう》関係記事の最初です。

以上の経過からすると、東国の行幸というのは、やはり以前から計画されていて、広嗣の反乱があったので、それが延期され、乱が峠を越したので実行に移した、というふうにみるのが一番素直な見方だろうと思います。こういう考え方は、すでにもう何人かの方が出していらっしゃるのですけれども、そのように見ることができると思います。つまり、『続日本紀』それ自体の記事から、聖武の行幸は計画的だといえるのであって、もしそういえるとするなら、行幸先のあちこちに離宮《りきゅう》や頓宮（宿泊地）を造っていくということは、充分な時間的余裕があったと見ることができるだろうと思います。したがって、調査事例報告でお話がありました「膳所《ぜぜ》城下町遺跡」の主要な建物、SB1（29頁図9参照）というのは、禾津頓宮の主要殿舎である可能性があると私は考えております。つまりちょっと発想を逆転して考えようというわけなんですね。遺跡が出てきたから聖武天皇の行幸が計画的だったというふうに見るのではなくて、『続日本紀』の記事そのものから聖武の行幸は計画的だったのだと考えて、そうであるから、今度の遺跡は禾津頓宮と見てもいいのであるという、そういうふうに理解しようと思います。禾津頓宮については、これくらいにしまして、次に紫香楽宮・保良宮関係の方に話を進めたいと思います。

天平十四年、（七四二）の二月に、恭仁京《くにきょう》から東北方向へ道を開いて甲賀郡に通じさせるという記事が、『続日本紀』に出てまいります（史料99）。この場合の甲賀郡というのは甲賀郡家《ぐうけ》を指すと思いますが、その甲賀郡家、郡の役所の所在地は、いまだにはっきりいたしませんけれども、もちろん紫香楽の方向にあるのは間違いないわけです。その後、紫香楽に行幸するということも出てまいりますので、この道路を造る計画を立てた時に、もうすでに紫香楽に行くことは充分意識されていて、私はその時点で、紫香楽に大仏を造るということを、聖武は計画していたと考えております。その計画に基づいて、聖武は合計五回にわたって紫香楽に行くんですね。頻繁に紫香楽に行きます。

その最初の行幸が、同年の八月二十七日から九月四日のことです（史料101〜103）。これは、紫香楽の大仏造営の予定地を、聖武がわが目で見に行った行幸だと思うんですね。ごく短期間行って、すぐ帰ってまいります。まず、聖武は見に行ったんだというふうに思います。

二回目の行幸が、それから三ヵ月ぐらいした、天平十四年十二月二十九日と、翌十五年正月一日条の記事です（史料104・105）。じつは『続日本紀』には、この辺りの記事について干支《かんし》（えと）の乱れがありまして、日付を変えて理解しなければならないところがあります。順番に申しますと、天平十四年の十二月二十九日に、聖武は紫香楽に行幸する。これはいいんですが、次の、右大臣 橘 諸兄《たちばなのもろえ》を恭仁京に先に還《かえ》したというのは、じつは天平十四年の十二月三十日になりまして、その次の、聖武が紫香楽より恭仁に戻ったというのが、翌十五年の元旦になるんですね。そのため、次の二日の日に、聖武は大極殿《だいごくでん》に行って、百官の朝賀《ちょうが》を受けたということになります。

つまり、この行幸は非常に注意すべき行幸でありまして、わざわざ年末年始に紫香楽に行っているんです。しかも、元日朝賀の儀式というのは、元旦にすべての臣下が天皇の前に整列しまして、一斉に天皇に拝礼して服従を誓うという、きわめて重要な儀式でありまして、それを一日遅らせることまでしているんですね。そこまでして紫香楽に行幸したというのは、聖武が紫香楽に、元旦に居たかったということだと思うんです。紫香楽で新年を迎えてから、多分その日の午前中に、おそらく元日朝賀の儀式に類するような儀式を紫香楽で行なって、その足で恭仁に戻ってきて、翌日恭仁でまた元日朝賀の儀式を行なったと、理解できます。

なぜそんなことをしたかというと、この明けて天平十五年という年が、これからお話しますように、大仏造営に実際に取りかかる極めて重要な年でありまして、その年の元旦にあたって、紫香楽の離宮《りきゅう》で臣下に忠誠を誓わせたんだろうと、推測しております。そういう意味のある重要な行幸だろうと考えております。

三番目の行幸というのが、同じく天平十五年の四月三日から十六日のことです（史料106・107）。これも、行ってすぐ帰ってくるんですけれども、その帰りました日の少し後、二十二日に、この時に行幸に付き従った五位以上の者二八名、それから六位以下の者二三七〇名と、すごい数の人々に禄《ろく》を賜《たま》うという記事が出てまいります。つまり非常にたくさんの人たちが、この三回目の行幸に、紫香楽に、聖武に従って行っているということです。私は、これは要するに、みんなに大仏の造営予定地を披露したんだと、ここに造るんだということを見せたんだと思っております。五位以上の貴族たちについては、すでに、一回目・二回目の行幸で行っている者たちがたくさん居るはずですので、三回目は二八人と少なかったのだと思います。それで三回目は、主に六位以下の中・下級官人たちに大仏造営の予定地を見せたんだというふうに思います。

で、四回目の行幸が、同年七月二十六日から十一月二日までということになります（史料108～114）。これまでの三回の行幸で、官人たちに対して、大仏を造営するということを知らしめることが済みましたので、四回目の行幸では、それを実行に移すわけです。その場合に、私が非常に注目しておりますのは、そのうちの九月二十一日条の記事です（史料110）。甲賀郡の調《ちょう》・庸《よう》を畿内に准じて収めさせる、また当年の田租《でんそ》を免じる、という記事です。近畿地方に准ずるということですから、調は二分の一、庸はいらない。それから田租もいらない。そういう措置を甲賀郡に対して取るということです。私は以前、これは、大仏を甲賀郡に造るので、そのお膝元だから、こういうことをやったんだというふうに理解していたのですけれども、どうもそうではなくて、これは聖武天皇が甲賀郡に落ち着く、腰を据えようという意志を固めたということを示しているものだろうというふうに考えております。そういうことを受けて、十月十五日に大仏造顕の詔《みことのり》（史料111）を出して、そのための費用として、東日本の税金をほとんどすべてつぎ込むといったようなことが行なわれる（史料112）。それから大仏を鎮護するための寺院が造られる（史料113）。そういうふうな手順をふんで、実際に大仏造営が実行に移されていくというのが、この四回目の行幸であります。

最後に、五回目ですが、天平十六年（七四四）二月十四日から翌十七年五月五日まで（史料115〜129）の長期にわたる行幸ですが、じつはその前に聖武天皇は、難波《なにわ》に行幸しております。聖武の気持ちとしては、紫香楽に大仏を造ってそこに居るということで固まっているのでありますが、その間に難波宮に行幸する、難波を都にするということが聖武の意向に関係なく入り込んだ、と理解するのが自然だろうと考えております。時間の関係で詳しくは申せませんけれども、別の圧力が働いて、聖武は難波に行かざるを得なかった、ということであろうと思います。

聖武は、紫香楽宮で大仏の造営に全力を傾けるわけですけれども、その場合にもう一つ注意すべき史料は、『続日本紀』の同十六年四月二十三日条（史料118）です。この史料は簡単にいいますと、紫香楽宮でさまざまな役所を造っているけれども、その工事が進まないので、そのための資金をつぎ込みますという内容です。いいかえると、それ以前から紫香楽宮で、さまざまな役所の造営工事が始まっているということを示しているわけです。いつから始まっているかということですが、これは証拠はありませんけれども、さきほどからの私の考えでいけば、もうすでに、四回目の行幸のときからそれは始まっているというふうに、一応理解しております。

その後、十一月十三日には大仏の体骨柱を建てるという記事が出てまいります（史料119）。大仏の造営工事は着々と進んでいるわけであります。ところで、『続日本紀』の翌十七年四月十五日条（史料128）に、処罰を受けて流罪になっていた塩焼王《しおやきおう》という人物を「京《みやこ》」に入ることを許したという記事があります。これはすでに、別の方が指摘していらっしゃいますけれども、「京《きょう》」というものの範囲が決っていたから、こういうことがいえるのでして、紫香楽宮には「京」というものが付属していると考えていいと思える史料であります。これはもちろん、非常に理念的・概念的な「京」でありまして、実際に、どれだけ京域ができていたかどうかは別問題でありますが、紫香楽がやがて都になり、それには京が付属するということだ、と考えられます。

いま、非常に駆け足で紫香楽宮と聖武天皇の行幸とのかかわりを見てまいりましたけれども、以上のことをふまえて、調査事例報告で話がありました、宮町遺跡の第三一次調査、今年度（平成十五年度）の調査を振り返りたいと思います。

今年度の調査の最大の問題点は、南北の非常に細長い建物が二棟あって、その西側にたぶん、宮の中枢部を取り囲む塀《へい》が出てくるだろうと思っていたのに、塀が出てこないで、その代わりに東西方向の二つの建物が出てきてしまったということです（41頁写真14参照）。これは非常に大問題で、私たちも予想だにしなかった事態になってしまいました。これは、あえて推測すれば、次のようなことなのではないかと思います。

紫香楽宮では、さきほど申しましたように、役所の建物の建設工事が行なわれておりました。天平十六年（七四四）四月以前の段階で、もうすでに行なわれていたわけです。そのことをさらに確実に示しますのが、『正倉院文書《しょうそういんもんじょ》』の天平十七年（七四五）二月二十八日付の「民部省解《みんぶしょうげ》」（史料132）と、同年四月二十一日付の「造宮省移《ぞうぐうしょうい》」（史料133）です。これは、内容は詳しく申し上げませんけれども、「大粮申文《たいろうもうしぶみ》」といいまして、「大粮」というのは、民部省が管理する米を、食料として役所の下級官人あるいは労務者たちに支給するものです。

その食料の支給対象の中に、たとえば「民部省解」を例に取りますと、甲賀宮《こうがのみや》（紫香楽宮）に人間が配属されていることが記されています。恭仁宮《くにのみや》や難波宮《なにわのみや》にも配置されていました。これは、民部省が、自分で管理しているお米を、民部省で使っている下級の官人たちに支給するという史料なんですが、民部省の配下の者たちが、甲賀と恭仁と難波にそれぞれ何名かずつ居るということを示しています。この類《たぐい》の史料は他にもたくさんございまして、紫香楽にさまざまな役所の分署、といったらいいんでしょうか、そのようなものがあったというふうに考えてよろしいかと思います。こういう下級官人たちは、どこで仕事をしているかというと、それはふつう「曹司《そうし》」と呼ばれているところでした。「曹司」というのは、実務を取る場という意味です。役所の官人は、そこで勤務をするのが原則であります。別のいい方をしますと、紫香楽宮にはさまざまな役所の曹司がたくさんあったはずだということです。

この曹司につきましては、平城宮《へいじょうきゅう》でも、平安宮《へいあんきゅう》でも研究がありまして、都の中心の南北に長い朝堂《ちょうどう》の建物の周《まわ》りにずらっと配置されていたというのが原則です。その関係をそのまま紫香楽宮にもってくれば、南北に長い建物の東西両側に、東西方向の建物がずらっと並んでいたことになると考えます。今回検出されたような東西棟の建物が、たぶん南にも北にも並んで出てくるんではないかと、私は思っております。また、東側の細長い建物のさらに東側にも、同じようなものが出てくるかもしれません。調査をしないとわかりませんけれども、そうなれば、これらの建物は曹司である可能性が高いのではないかと思っております。紫香楽は、面積的に狭いですから、他の都のようなわけには行かないので、非常にコンパクトに朝堂と曹司が接近した位置に並んで配置された、というふうに理解できるのではないかと、いまの時点では思っております。

それで、紫香楽宮は、最初、離宮からスタートいたしまして、やがて正式の都になりました。その都には曹司と言うものが付属しておりましたし、都になった時点では、その周りに非常に理念的な「京」というものが設置されていた、と考えることができると思います。そこには、聖武天皇と元正太上天皇《げんしょうだいじょうてんのう》という両者が途中から併存するというかたちになっております。そういうことをふまえて、最後の保良宮《ほらのみや》関係のことをお話したいと思います。

奈良時代の中期から後半にかけては、恭仁京・紫香楽宮・保良宮、それから道鏡の時代になりまして由義宮《ゆげのみや》というのが、次々と造られます。これらは、「奈良中・後期型宮都」として、私は共通性があるのではないかというふうに考えております。いままで見てきました紫香楽宮からモデル化しますと、宮都は、離宮を前提として造られる。また、理念的な「京」というものが周りに設定される。それから、恭仁京はもちろん京ですが、保良宮は北京《ほくきょう》、由義宮は西京《さいきょう》というふうに、京と称される。天皇と、太上天皇やそれに代わるものとが同じ宮の中に共存している、というモデルになると思います。これらは、紫香楽宮以外の他の宮についても、大体、あてはまるのではないかと理解しております。

まず、保良宮でいきますと、『続日本紀』の天平宝字三年（七五九）十一月十六日条（史料139）が最初の記事ですが、「保良宮」を造らせるというふうにあります。天平宝字五年正月二十一日条（史料140）では、もう「保良京」というふうに出てまいります。それから、同年十月二十八日条（史料144）には「北京《ほくきょう》」とか、「畿県《きけん》」というような言葉がでてまいります。

こういうふうに、『続日本紀』を見ますと、最初から「京」として造られたかのように書かれておりますが、これは『続日本紀』がそう書いているだけであって、じつは、天平宝字五年十二月二十三日付の「甲斐国司解《かいのこくしげ》」というのが『正倉院文書』の中にございますけれども、そこでは、「保良離宮《ほらのりきゅう》」というふうにはっきり出てまいります。おそらく、保良宮も最初は離宮として造られ始め、いつかの時点から急速にこれを都の一つにしようという意識が強く働いていったんだろうと、そういうふうに理解しております。『続日本紀』は、それを、最初から都として造営したというふうに書いているのだろうと考えております。ここでは、孝謙《こうけん》太上天皇と淳仁《じゅんにん》天皇が併存しておりました。

ちょっと前後しますけれども、恭仁宮、恭仁京もですね、もともと「岡田離宮」とか、「甕原離宮《みかのはら》」というものがあった付近に造られました。その施設をそのまま利用したわけではないのでしょうけれども、意識的にそれを踏襲して、さらにそれを拡大・発展して、恭仁宮というものが造られたわけであります。近年の研究では、ここでは内裏《だいり》が二つあって、聖武天皇と元正太上天皇が併存していたのだ、というような考え方も出ております。非常に興味ある考え方だと思います。

最後に由義宮ですが、これは「弓削行宮《ゆげのあんぐう》」、称徳《しょうとく》天皇（孝謙太上天皇が重祚《ちょうそ》）が、和歌山に行幸しまして、弓削行宮に入るということが出てくるのでありますけれども、それがやがて、「西京《さいきょう》」と呼ばれるようになります。行宮からスタートして、西京になっていくということであります。これも非常によく似たパターンをとっているのではないかと思います。

保良宮や由義宮、それからおそらく恭仁宮もそうだと思うんですが、これらは、「奈良中・後期型宮都」として、紫香楽宮と非常に類似したパターンとして考えることができるのではないかと思います。保良宮は、さきほどの調査事例報告のお話ですこし見えてきたという感じでありますけれども、由義宮に至っては、まったく手がかりがないわけです。しかし、今後の調査・研究の中で、私の申し上げたような、紫香楽宮の例を一つのモデルにして考えられるパターンが、これらの都の研究をしていく上で何らかの手がかりを与えていくのではないだろうかと、そういうふうに考えております。

井上　どうもありがとうございます。非常に丁寧に資料を詳細に深く読み込みながら、聖武天皇の時代とその背景を追っていただきました。非常に忠実に、紫香楽宮・禾津頓宮・保良宮と重要なところを、それぞれご意見をお聞かせいただきました。

それでは続きまして、金田《きんだ》章裕《あきひろ》先生にお願いいたします。金田先生は京都大学大学院の教授をお勤めでございまして、現在、副学長という要職かつ激職にお着きでございます。おそらく半端ではない忙しさだと思うんですけれども、今日のために駆けつけていただきました。先生は、歴史地理学を主として専攻なさっておられまして、さまざまな最先端のお仕事をなさっておられます。それでは、金田先生よろしくお願いします。

基調講演4

歴史地理学から見た近江の宮都

京都大学大学院教授・副学長／金田章裕

〈きんだあきひろ〉歴史地理学専攻。古代の道や国府・官衙研究などに詳しい。一九四六年生、京都大学大学院文学研究科博士課程修了。追手門学院大学助教授、京都大学文学部助教授を経て現職。文学博士。

〔主な著書〕『古代日本の景観』（一九九三、吉川弘文館）、『古代荘園図と景観』（一九九八、東京大学出版会）、『古地図からみた古代日本』（一九九九、中央公論社）、『古代景観史の探究—宮都・国府・地割』（二〇〇二、吉川弘文館）。

■講演要旨

近江に営まれた大津宮《おおつのみや》や紫香楽宮《しがらきのみや》の発掘調査によって多くの知見が得られ、聖武《しょうむ》天皇の禾津頓《あわづのとん》宮《ぐう》についての発見も目新しい。これらの宮都《きゅうと》や頓宮について、歴史地理学の視角から検討する場合、それら自体の施設の空間構成や立地・領域基盤などがまず対象となる。

ここでは、領域や立地について検討することにしたい。筆者は、畿内の範囲と性格が三段階の変化を経たものとみている。第一段階は、孝徳朝《こうとくちょう》の大化《たいか》二年（六四六）に四至《しいし》で表示された「畿内」、第二段階が、天智《てんじ》天皇六年（六六七）の近江遷都に伴う畿内で、三関《さんかん》および高安城《たかやすのき》の設置というかたちで、宮都の軍事的防衛圏として強く認識された畿内、第三段階が、天武《てんむ》天皇四年（六七五）頃までに確定された国の領域を基盤として設置された畿内四（後に五）ヵ国である。

天平十四年（七四二）に紫香楽宮の造営が開始されたことに伴って、翌年に甲賀《こうか》郡を「畿内に准じ」た扱いとし、天平宝字三年（七五九）に造営が開始されたとみられる保良宮《ほらのみや》に関連して、滋賀・栗太《くるもと》両郡が「畿県《きけん》」とされたことも、同様の観点からみるべきであろう。

宮都ではないが、恭仁京《くにきょう》への行程にかかわる禾津頓宮など、近江の古道と聖武天皇の東国行幸《とうごくぎょうこう》も、単に壬申《じんしん》の乱のルートをたどったにとどまらず、近江国の位置、東山道《とうさんどう》とりわけ美濃《みの》の国の重要性とも関わるとみられる。大海人《おおあまの》皇子の軍事的・経済的拠点となった「湯沐邑《ゆのむら》」があった、後の美濃国安八《あんぱち》郡・池田郡の地は、聖武天皇の時代においても天皇家の財産として管理され、やがて天平勝宝八歳（七五六）に東大寺へ勅施入《ちょくせにゅう》されるという経過をたどった。

ただいまご紹介いただきました、金田でございます。私は、専攻しておりますのが歴史地理学という分野でございます。すでに、大津宮・紫香楽宮、あるいは禾津頓宮・保良宮については、考古学的な観点からも歴史的な観点からもさまざまに紹介がなされましたし、問題点についてもご指摘がありました。私は、歴史地理学という専門分野ともかかわるわけでございますが、それらの問題を繰り返すことをやめまして、大津宮・紫香楽宮・禾津頓宮・保良宮、それらを日本の国内における位置という観点から少し整理をしてみたいと思っております。

もちろん、国内における位置の問題だけではなくて、当然のことながら、さきほど最初に井上先生の方からのお話にありましたように、東アジア全体が緊張関係にあった時代でありますから、そのことも視野に入れないといけないのは当然なんですけれども、それはすでに紹介がありましたことで、ここでは触れないということにさせていただきます。

まず、大津宮から始めたいと思いますが、大津宮については、なぜ大津宮に遷都したのかということが一つの大きな問題とされております。具体的なかたちで大津宮にいたる徴候として一番明瞭なのは、『日本書紀』に見える、六五九年（斉明天皇五年）斉明《さいめい》天皇が近江の「平浦《ひらのうら》（比良浦）」に行幸《ぎょうこう》したという記事であります（史料5）。これは、もちろん直接大津宮に関連するものではありません。当時の北方への主要ルートは北陸道《ほくりくどう》でありましたから、北陸道へ向かう軍を送るということで斉明天皇が行幸したというのが、おそらく主旨でありましょう。しかしながら、斉明天皇の下にいた中大兄皇子《なかのおおえのおうじ》（後の天智《てんじ》天皇）が、当然この場所（後の大津宮の場所）をその時に周知していたということは、考えてもいいのではないかというふうに思っております。

それで、以下は簡単な図をもとにご紹介したいのですけれども、まず、「大津宮時代の主要道図」（図37）をご覧いただきたいと思います。これがすべて正しいかどうかは分かりませんが、古代に「三関《さんかん》」と呼ばれる有名な関があります。愛発《あらち》の関と不破《ふわ》の関と鈴鹿《すずか》の関でございます。ただ、七世紀の段階で所在が明確に確認できるのは不破の関とそれから鈴鹿の関でありまして、愛発の関はどこにも出てこないのですけれども、後に並び称されるということから、いつ設置されたかはわからないけれども、古代にその三関があったというのが一般的な認識でありますし、私はそれに従っていいのではないかと思っております。ただ、その位置を見てみますと、これが不思議なことにといいますか、愛発も不破も鈴鹿もそれぞれ近江から主要道が北へ東へ出た所にあるわけであります。つまり、この位置は大津宮の所在を前提にしなければ有り得ないのではないか、というのがスタートの発想であります。

そこで、もう一つの「長柄《ながら》豊碕宮《とよさきのみや》の畿内と大津宮の畿内」の図（図38）をご覧いただきたいと思います。大津宮を中心にいたしまして、これはいうならば机上のお遊びのようなものでありますが、仮に半径五〇キロメートルの円を描いてみます。そうすると、半径五〇キロメートルの円のちょっと外側の所に、愛発と不破と鈴鹿があるわけであります。そして、じつは、これらの関は東側・北側ばかりにあるのですけれども、西南側の所には「高安城《たかやすのき》」というのがありまして、『日本書紀』の天智天皇の時代の記事に、きわめて頻出《ひんしゅつ》するものであります（史料22・32・37）。

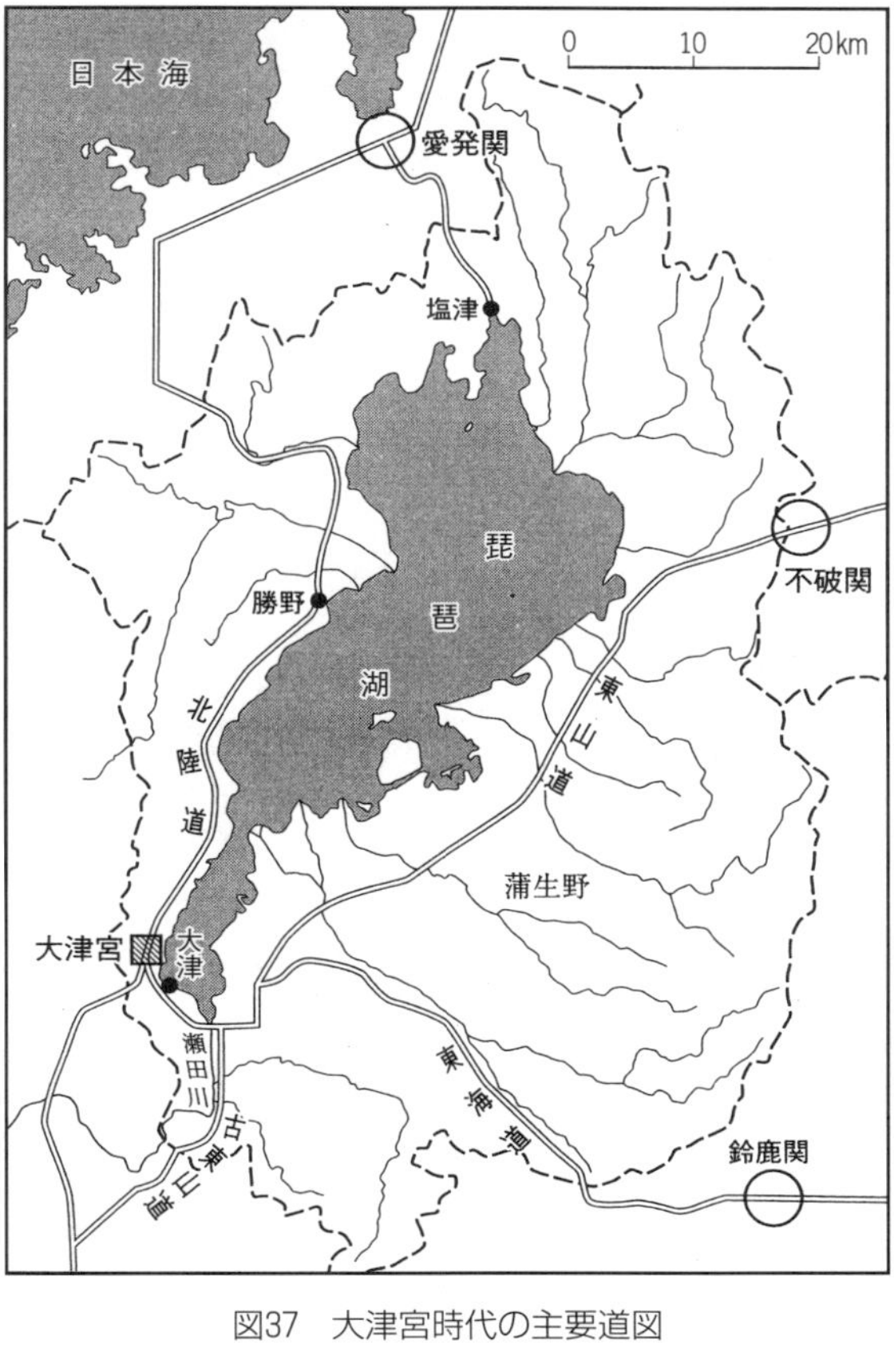

図37　大津宮時代の主要道図

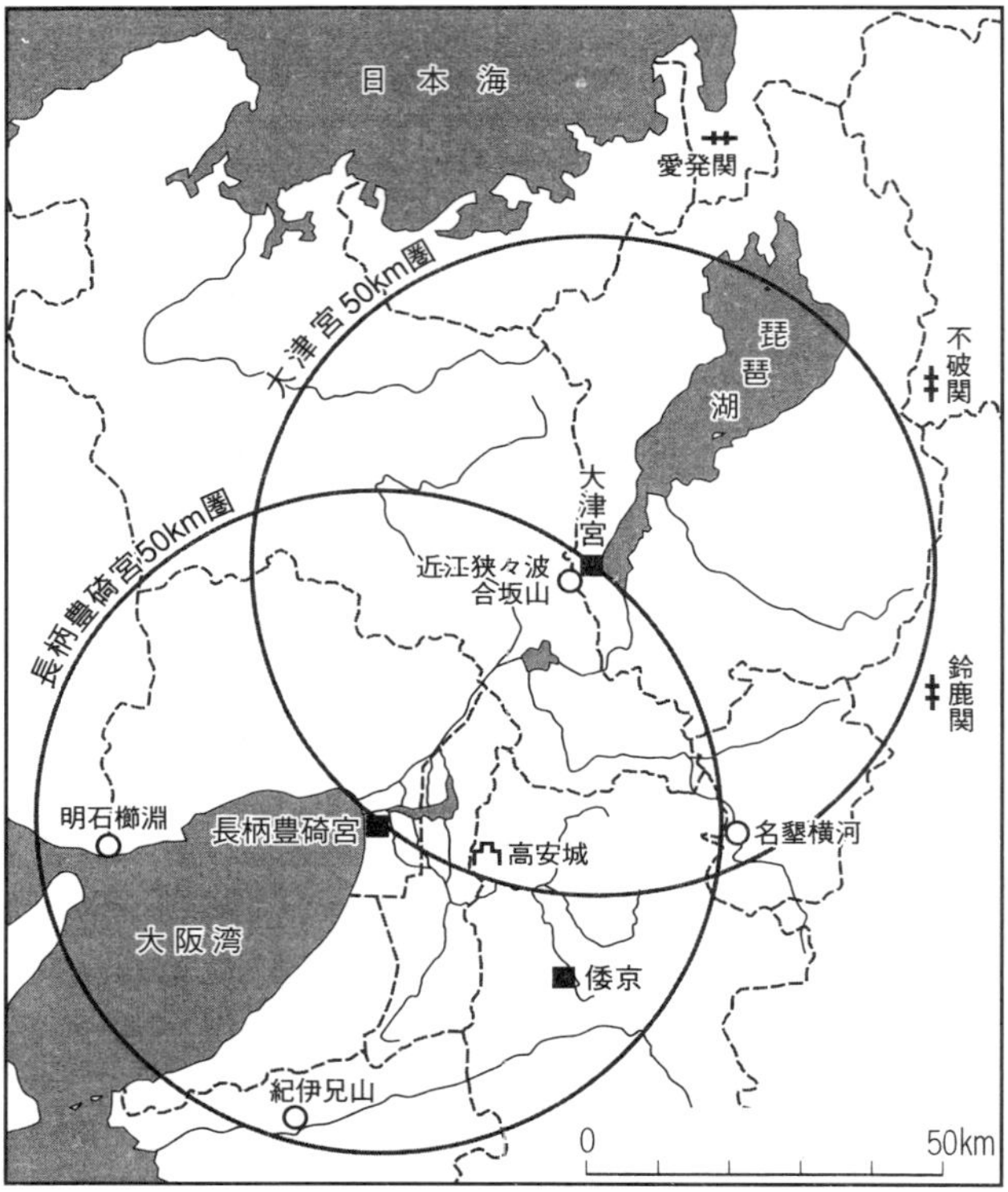

図38　長柄豊碕宮の畿内と大津宮の畿内

そうすると、大津宮の周囲に、愛発・不破・鈴鹿・高安というですね、四つの軍事的な拠点が設けられていた、というふうに見ていいのではないかと考えられるわけであります。

そこまで考えてこの作業はストップするわけでありますが、その大津宮の少し前、つまり斉明天皇の時でありますけれども、都は現在の大阪にありました。長柄《ながら》豊碕宮《とよさきのみや》ですが、『日本書紀』のいわゆる大化《たいか》の改新の詔《みことのり》のところに出てくるのは、長柄豊碕宮の「畿内」であります。その畿内は四至《しいし》で表現されております。西は明石《あかし》の櫛淵《くしぶち》、北は近江狭々波《おうみささなみ》の合坂山《おうさかやま》、東は名墾《なばり》の横河、南は紀伊《きい》の兄山《せやま》というかたちであります。これをまた、長柄豊碕宮を軸にしてぐるっと半径五〇キロメートルの円を描いてみますと、地形的なことを一切無視してありますから、まったくお遊びのようなもので、単なる発想の展開に過ぎませんけれども、同じような規模になるわけです。

そういったようなことから考えると、私は、講演要旨ところに書いておきましたように、「畿内」という発想が日本に持ち込まれました時に、第一段階は、孝徳朝《こうとくちょう》の大化二年（六四六）に四至で表現されました「畿内」であろうと、そういうふうに考えます。そして第二段階が、天智天皇六年（六六七）の近江遷都にともなう「畿内」でありまして、それがじつは高安・鈴鹿・不破・愛発といった範囲、これが「畿内」であったのだろうと考えております。そうするとじつは第三段階が、山城《やましろ》・大和《やまと》・摂津《せっつ》・河内《かわち》の「畿内」四ヵ国となります。後に河内の国から和泉《いずみ》の国が分離しますので五ヵ国になりますけれども、天武《てんむ》天皇の時代にはまだ四ヵ国であります。従来は、その「畿内」四ヵ国と、大化二年に四至で示された「畿内」というものの範囲をめぐって、議論をされるということがきわめて多かったわけでありまして、ほとんど大津宮の「畿内」というものを積極的に考えるということが無かったわけでありますけれども、私は、大津宮の「畿内」というものを充分に考慮すべきだと考えているわけであります。なぜそう考えるのかといいますと、この大津宮の時代が、「畿内」という中国的な考え方をより強く軍事的なものに結びつけて展開した具体的なかたちを示している、というふうに思われるからでもあります。

しかも、同時に、古代のこの段階では、東山道《とうさんどう》という、近江から美濃《みの》、そこに飛騨《ひだ》がくっつきますけれども、そして信濃《しなの》・上野《こうづけ》・下野《しもつけ》というふうに現在の東北地方へと伸びる道がありました。また、北陸道《ほくりくどう》は、近江の湖西を通ります。そこから若狭《わかさ》・越前《えちぜん》・越中《えっちゅう》・越後《えちご》といくわけですね。加賀《かが》の国ができるのは平安時代の中頃になってからでありますから、だいぶ後の話であります。そういった、全体を「七道《しちどう》」と呼ばれる道が整備されるわけでありますけれども、そのうちの一つが東山道であります。東山道の最初の国が近江の国であるわけですが、その近江の国は大津宮の時期にはもちろん「畿内」であり、ただしその段階では国を単位として「畿内」という設定をしていたわけではなかったわけでありますが、そういうかたちで非常に重要な地域として見られていたと考えております。

だいぶ後ほどのことになりますので、少し荒っぽい話なんですが、何か材料がないかといろんなことを考えているうちに、面白い計算をしてみたことがあります。

『延喜式《えんぎしき》』という平安時代の延喜年間（九〇一〜九二三）に作られました法令集がありますが、

その中に七道の駅、つまり道路沿いに馬を設置しました駅でありますが、その駅の馬数が記されているものがあります。平安時代ですから、とんでもない後の話なんですけれども、その馬数についいて、強引に平均値を出してみたことがあります。そうすると、山陽道《さんようどう》という都《みやこ》から大宰府《だざいふ》に向かう、これが古代の一番の主要道でありますが、その平均値が一七匹、一七頭の馬を常備するということになっています。その次が、じつは東山道でありまして、一〇・九という数字になります。

これだけだと、山陽道は随分重視されていて東山道はだいぶ低いな、という話になってしまうんですが、じつは同じような計算を東海道についてやりますと、東海道は八・三という数字になります。もちろんこれはかなり荒っぽい話でありまして、東山道は地形的に山がいっぱいあって険しいから馬がたくさん必要だったとか、いろんな考え方、あるいはいろんな考慮すべき要素があることは事実です。しかしながら、大変たくさんの馬が常備されるシステムであって、それがそういったかたちで実施されたということは、じつは東山道の重要性を示すもの以外のなにものでもないんじゃないかというふうに考えております。これは平安時代のことでありますが、東山道は、この大津宮の時代だけではなくて、その後平安時代に至るまで重要だったと考えております。その重要性が決定的に逆転するのは、おそらく鎌倉に幕府が開かれた頃ということになると思います。東海道が決定的な重要性を持つようになるのは。

私は、古代の日本の主要軸は山陽道と東山道であったというふう考えるべきであろうと思っているわけでありますが、そういったことの一端であります。

話を元に戻しまして、大津宮の時代でありますが、大津宮の末期に、いわゆる壬申《じんしん》の乱という戦が起きます。その時に大海人皇子《おおあまのおうじ》は、いったん退去していた吉野から発して、伊勢を回り美濃を経由して近江に再び入って来るというルートをたどります。そして、近江朝《おうみちょう》軍を破って天皇位に就く、天武《てんむ》天皇となるというのがご承知のところであります。

じつは、その時に大海人皇子軍の最も重要な戦力になったのは、東国の兵士たち、東国の軍でした。美濃・尾張《おわり》の軍であります（史料62）。美濃国の一番近江よりの所、現在の岐阜県大垣市の辺りからその北側も南側も少し含んだ辺りですが、あの辺り一帯は、後には「安八磨《あはちま》郡」と呼ばれております。現在は安八郡《あんぱちぐん》といっております。その安八磨郡から後に池田郡が分かれて二つの郡になっておりますが、あの辺り一帯というのは、当時の天皇家にとりましては非常に重要な場所でありました。大海人皇子の「湯沐《とうもく》」といいますが、いわば大海人皇子の個人荘園《しょうえん》みたいなものでした。つまり大海人皇子の家産、財産であったわけです。そこの財産と、そこの住人たちを使うことができたわけであります。さらに、そこを通じてまた、美濃や尾張の豪族たちともコンタクトを持っていたということになります。そこの軍が、大海人軍にとってはきわめて重要な意味を持っておりました。もちろん、大海人皇子は、壬申の乱のときにそうであったわけですが、天智と大海人（後の天武）が大津宮に同時に居て、その時代の治世を担当していた時期から、その美濃の安八磨郡がきわめて重要であったということに他なりません。壬申の乱で近江朝方と吉野朝方と分かれたからそうなっただけの話でありまして、もともとは一緒で、天皇家にとってきわて重要な地位を持っていたわけであります。

そういったかたちで、大津宮の位置した近江国は、良く知られておりますように、鉄の産地でありますとか、さまざまな物産を産する有力な場所であったというだけではなくて、重要な東山道を扼《やく》する、日本国土の中の中枢的位置としてもきわめて重要な役割を果たしていたということになるわけですが、さらにその軸は、近江と美濃が連続した地域であり、近江と美濃が果たしていたといえる部分が相当あるのだと考えられます。

なぜこれを強調するのかと申しますと、じつは少し後の聖武《しょうむ》天皇の時代に同じことが再現されるからであります。聖武天皇の時代というのは、さきほどから紹介されていましたように、「禾《あわ》津頓宮《づのとんぐう》」の時代でもあり、恭仁京《くにきょう》の時代であり、紫香楽宮《しがらきのみや》の時代であるということでありますが、その時代、さきほどの栄原さんの話にもありましたように、聖武は、計画的に東国巡幸《とうごくじゅんこう》に出て、その途中、禾津頓宮に一時期滞在し、その後、恭仁宮《くにのみや》に入ると言う行程をたどります。そのことの意味をもう少し考えてみたいと思います。

もちろん、いろんな意味があったのでありましょうが、聖武天皇は、その途中で「不破頓宮《ふわのかりみや》」に五泊も滞在しているわけであります。この間に何をしていたかというと、東国の、つまり美濃国などの有力者を集めてそれに位階《いかい》を与えているわけです（史料89～91）。つまり、聖武天皇と天皇家の家産、財産のような状態であった美濃の国の安八磨郡辺りを中心とした有力者たちと、旧交を温めるという言葉は適当でないかもしれませんが、改めてその結びつきを確認し、それをオーソライズ（公認）すると言う作業をしていると見ていい要素が、きわめて濃厚だというふうに理解されます。そう理解する理由は、以前からそこの地が、天武、大海人皇子以来の天皇家の家産であったということを示しているだけではなくて、そこが聖武天皇にとっても、引き継いだ天皇家の家産として、その後もずっと強い大きな意味を持っていたということが確認できるからであります。

じつは、その後の安八磨郡でありますが、その辺りを、天平勝宝八歳（七五六）という時期ですから、聖武天皇の治世の終わりの方でありますが、自分が自ら建立した東大寺の荘園として、勅施入《ちょくせにゅう》していることに注目されるわけです。というのは、天皇であっても、律令《りつりょう》国家で管理している所をそう勝手にポンとお寺に寄進するというわけにはいきません。やはり天皇家の家産、私の財産としての関わりが強い所であるから、そういうことが可能だ、というふうに考えられるわけでありまして、美濃国安八磨郡の辺り一帯との天皇家の関わりというのは、きわめて大きいものであったと考えるべきであります。

つまり、聖武天皇の時期に至りましても、美濃と尾張というのは、天皇家に強く結びついたものとしてきわめて重要な役割を果たしていたと考えられます。聖武天皇は、恭仁に都を造り、その時にすでに紫香楽に都を移すことを考えていたかはどうかは定かでないとしましても、その段階から近江という、恭仁宮の北にですね、きわめて強い関心と、その位置についての強い認識があったと見ていいと考えられます。

やがて紫香楽に宮を造営すると、その時には、さきほど栄原さんのお話にありましたように、甲賀郡を畿内に准じた位置付けとして、その税体系を、つまり租《そ》・庸《よう》・調《ちょう》の取り扱いを、「畿内」の国々に准じた取り扱いにするという手はずを整えておりますし（史料110）、それより少し遅れた時期の保良宮《ほらのみや》の時期には、「都に近き両郡」と書いてありますので、はっきり郡名は分かりませんが、おそらく滋賀郡と栗太郡《くるもと》であろうと思いますけれども、その二郡を「畿県《きけん》」という取り扱いにしているわけであります（史料144）。つまり、国として近江の国を畿内国とすることは無かったわけでありますが、宮の、宮都の造営にともないまして、ここは実質的に畿内であったり、またはその一部を畿内に准ずる地域としたというかたちが、非常に明瞭になってきたのではないか、というふうに思うわけであります。

なぜ近江に宮都が、というのが本日の一つの主題でありますけれども、そのすべてではありませんが、一つの答えは、近江、東山道、とくに近江と美濃という国を要《かなめ》としました地域の重要性です。また、その重要性がきわめて良く、あるいは強く、七世紀後半あるいは八世紀という時期の天皇家にとっても、あるいはさらに話をするときりが無くなるんですけれども、藤原仲麻呂《なかまろ》のような高官にとっても、強く認識されていたということを、考慮するべきだろうと思うわけであります。

ここまでが私の今日お話申し上げようと思っていたことですが、残り一分ありますので、余談を一つ付け加えさせていただきます。

じつは、朝廷は一度、東山道の美濃国の先にある信濃の国まで都づくりの可能性を考えていたことがあります（史料73）。もちろん近江でも、東岸に蒲生《がもう》郡の匱迮野《ひつさの》という所に宮地をみるという記事が出てまいりますから、これもそうであります。このように宮都をいくつも造営するということについては、栄原さんがまた別のところで優れた見解を発表しておられますけれども、そういったことが遠く信濃まで考えとして及んでいることに注意したいわけです。実際には実行されなかったわけではありますが、考えとしてはそこにまでに及んでいるという点も、やはり東山道のもつ意味というものを示す状況の一端であろうというふうに思っております。

最後は付けたりでございまして、今回の主題にあまり関係のある話ではございませんが、以上のようなことを領域の面から考えている、というようなことをお話させていただきまして、ご報告の責を果たさせていただきたいと思います。どうもありがとうございました。

井上　金田先生、ありがとうございます。歴史地理学の分野から、非常にこれまた詳細に、近江からさらに東山道の向こうにある美濃も、さらには信濃への、これは天武天皇の時代でしたかね、遷都のための土地調査だけが行われて、この記事は、私、いまだに理解できなかったんですが、いまの金田先生のご意見で大きな示唆を得させていただきました。ありがとうございました。

では、これで四人の基調講演を終わらせていただきます。

討論

近江・大津になぜ都は営まれたのか

コーディネーター／井上満郎
パネラー／林　博通
栄原永遠男
金田章裕

井上　それでは予定表に従いまして、残りそうたくさんの時間はございませんけれども、討論というかたちで進めさせていただきます。皆様方から、多数のご質問やご意見等を頂戴いたしております。質問票だけで二〇数枚、質問数にいたしますと六、七〇になります。したがいまして、皆様のご質問にすべてお答え申し上げるということ、残念ながらできませんので、その点ご了解をいただきたいと思います。

本日の全体のテーマといたしまして、なぜ近江の国に宮都《きゅうと》がこれほど多く営まれたのかということを主たる追求点にして、それぞれに考えてまいりました。これだけ多くのご質問をいただくというのは、それだけ皆様方のご関心が強いということで、たいへんうれしく思っている次第でございます。

私が最初にご報告申し上げましたので、まず、私の方から少し補足を交えながらお話をさせていただきます。主として私は、大津京、大津宮《おおつのみや》の問題と、保良宮《ほらのみや》の問題と、その背後にありますその国際的環境ということに注意したわけでございます。

大津宮の場合は、さきほど詳しくその過程を追うことはできませんでしたけれども、年表（154頁参照）にございますように、西暦六六〇年に、日本と長期間にわたって、同盟関係といってもいいんでしょうか、文化の上でも政治の上でも非常に関わりの深かった百済国《くだら》が滅亡をいたしました。そして、その三年後の六六三年、これが、日本が経験いたしました最初の、と申し上げてもいいかと思いますが、対外戦争でございまして、相手は、新羅《しらぎ》とそれに連合いたしました唐《とう》との非常に強大な軍勢でございまして、これに対しまして、すでに国家としては一応滅亡しておりました百済国が、「倭《わ》」と当時は呼ばれておりました日本と共に戦った戦いでございまして、それで日本は敗北をいたします。対外戦争で初めて敗北した戦争でございますけれども、日本から派兵されたとはいえ、戦争そのものは外国でございまして、その当時の戦争のことでございますから、白村江《はくそんこう》の戦いの直接的な影響が日本に及ぶということは、まず考えられませんでしたけれども、ただ、三、四〇〇年にわたって続いてまいりました朝鮮半島の三国の政治的なバランスが、大きくこれで動きます。「七世紀中ごろの朝鮮半島」という図（図39）がございますが、この三国のうちの百済国が六六〇年、高句麗《こうくり》国が六六八年に滅亡いたします。三国のうちの二国が滅亡して、新羅一国が朝鮮半島を統一するというかたちで終息を迎えます。

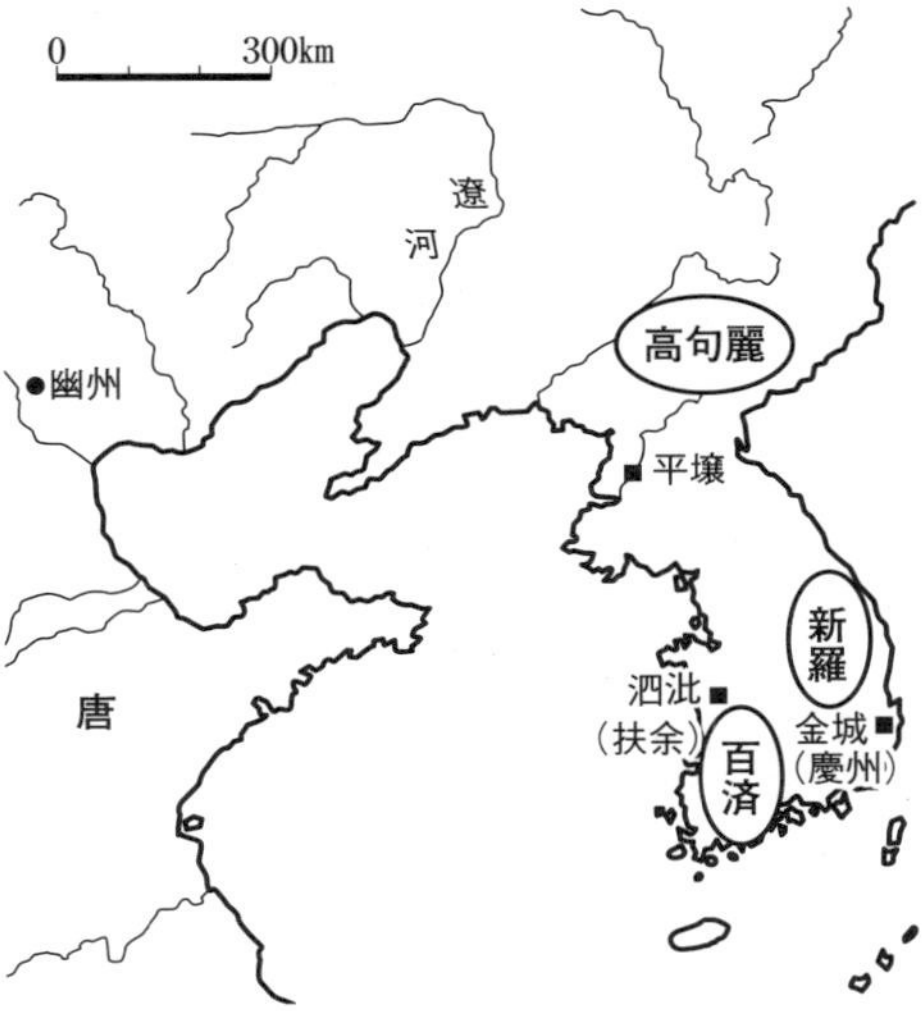

図39　七世紀中ごろの朝鮮半島

さて、白村江の敗戦の影響が、すぐに日

本に及ぶということは物理的には考えられませんし、また事実そういうこともなかったのですが、ただ当時の政権が非常な危機感を持っていたことは容易に推察できます。そのことについてご質問を頂戴した方もおいででございますけれども、日本という国が外国の攻撃によって滅亡するかもしれないという危機感は、政権を動かしている人たちはどの時代でもたぶんそうだと思いますが、深刻に受け止めておりました。天智《てんじ》天皇政権は、非常に深刻に受け止めていた、と私は思っております。

もっとも、『日本書紀』の中には、天智天皇が外国の侵略を恐れていたというような記載はございませんので、その当時の政権の施策から判断する以外にないのですけれども、さきほどの基調報告で紹介しました「古代山城の分布図」(59頁図14)のように、朝鮮半島からの日本への侵略というものを意識して、多くの山城が造られております。近代的ないい方になりますが、投下された労働力、投下された経費は、その当時とすれば莫大なものとなります。どこかの山城をご見学になった方はすぐにお分かりと思いますが、すごい山の上に巨石を積んで防御施設を造っております。現在発見されているのは二〇数遺跡ですけれども、それを造っているということは、やはり当時の政権が唐や新羅の侵略・攻撃に恐怖を感じていたと受けとれる有力な資料と考えられます。というよりも、そう理解する以外に、瀬戸内海沿いにあれだけ多くの山城が建設された、軍事施設が建設されたという理由は、解けないのではないかと思います。

そう考えますと、さきほど申し上げたことに戻ってしまうのですが、天智天皇が近江大津に都を移すということは、近江大津に都を移した西暦六六七年、日本をとりまく国際的環境の中で、その年の時点ではなお健在であった高句麗国との提携という政策を天智天皇政権が選択したということは、あり得ることであろう、というふうに思っております。

そういうことも合わせまして、都が大和から近江大津に移ったということは、当時の日本が置かれていた東アジア世界全体の国際的な環境の中で、その進路の選択を行った結果だと、理解したいと思います。

日本列島は申すまでもなく周りを海で囲まれております。ですから、どうしても私どもは、日本列島の中でだけ歴史と文化の推移というものを考えてしまうのです。いまでも日本では海外旅行という言葉がありますけれども、海の外へ出るということはイコールは外国へ行くということ、つまり海が国境線でございますから、その意識でもって、古い時代から海を越えた向こうと、こちらというものとを分け、海を越えたこちらである日本列島は、海で囲まれた閉鎖的な、非常に純粋な固有な歴史と文化を刻んできたと、私たちは何とはなしに思ってしまうのですけれども、それは多くは江戸時代の鎖国の影響を多くの方々が持っておられるためだと、私は思っております。

けれども、古代日本は、この大津宮の営まれた時代は、私どもが想像する以上に、もっと東アジア世界に広がった視野を天智天皇やその政権は持っていたように私は思えるのです。それが、絶対に当たっているかどうかといいますと、もちろん反対の意見も当然おありになるだろうとは思いますけれども、東アジア世界全体の中で、古代近江の位置も考えていくという視点、と申しますか、視野を導入して大津宮のことを考えれば、いまいったようなことが見えてくるように、私は思っているものですから、さきほどのような発表をさせていただいたわけでございます。

とりあえずは、私の補足はこの辺で終えさせていただきまして、次には、林先生の方から、補足をも含めて、ご質問の趣旨を含みながらお話いただけますでしょうか。

林　大津京で何が行われたか、大津京の内容はどうだったのか、など少し補足しておきたいと思います。大津京は一時期日本の首都であったわけですから、それなりの重みはありますが、史料ではあまりその実態は記されていません。

唐や新羅・高句麗の使いが訪れ、亡命した多くの百済の遺臣たちも朝廷に出入りして国際色豊かな都であったといえます。水時計で時を測り、それを太鼓や鐘で人々に知らせる（史料47）、その「近代国家」としての音が都に鳴り響いていたと思われます。また、漢詩集『懐風藻《かいふうそう》』からも察せられるように、先進的中国文化が花開いていた。さきほども申しましたように、京内には四つの寺院があり、宮内には仏殿や西殿に織物の仏像、百仏もあって（史料50・51・55）、仏教的色彩あふれる都であったと想定されます。琵琶湖では盛んに舟を繰り出して歌を詠んだり、湖畔には浜台（浜楼）を設けて（史料28）、天皇や重臣たちはたびたび酒宴をはるなど、つかの間の安らぎを味わっていたことがうかがわれます。一方、政治的には、律令制による中央集権国家に不可欠である全人民を把握するための戸籍、「庚午年籍《こうごねんじゃく》」も完成させ（史料41）、冠位二十六階制に基づく叙位《じょい》も行っています（史料45）。

さて、近江遷都はやはり防御的な意味がある、逆に積極的に高句麗と結ぶためにあると考えていいんだろうという井上先生のお考えと、私も同様な考えなんですが、それに関して、神籠石《こうごいし》と古代山城《やまじろ》を同列に取り扱ってよいか、というご質問がありまして、さきほどの「神籠石と古代山城の分布図」（59頁図14）では二種類に書き分けております。ご存知のように、神籠石という用語は研究史の中で、明治時代に用いられ始め、福岡県の高良《こうら》神社を大きく取り囲むように石列が巡っていることから、一種の神域を示す施設と考えられたもので、現在では古代山城であることが判明してきて、適切な用語とはいえませんが、慣用的に用いられているものです。

いま、研究の中では、古代山城の中で、『日本書紀』などの文献史料に、百済から亡命の遺臣《いしん》たちが指導して造ったと明確に書かれているものを、「朝鮮式山城」というふうに呼び分けているんですが、じつは最近あちこちで発掘されたり、実体が明らかになっている古代の山城の構造を見ると、いずれも同じような形態の防御的な構造をもつ、つまり朝鮮半島の新羅で見られる山城、百済で見られる山城、高句麗で見られる山城と同じような防御的な山城であるということがうかがえます。具体的にはまだその築造年代を把握しきれないものもありますので、すべてが天智朝の対外防御施設として同列かどうかという点には問題があるかと思いますが、ただ、ほぼ同じ頃の防御的な朝鮮式山城系統の山城だというふうに見て差し支えないのではないかと思っています。

そういう意味からして、大津京の中にですね、おそらく比叡山《ひえいざん》のどこかの一角に、この古代の山城があってもいいのではないかと常々思っているんです。かつてある遺跡を古代山城ではないかとする先生方がおられまして、それを確認に行ったことがありますが、残念ながら確認したのは中世の山城であったわけです。が、当時の状況を考えますと、政権の存在した大本《おおもと》の大津京の一角に山城があってもいいのではないかと考えています。

もう一つは石山寺《いしやまでら》ですね。石山寺の境内からも、南滋賀廃寺で出るような瓦が出ております。その瓦が出ているということは、そこに当時何らかの施設があったということを示しています。あそこも谷筋があって、周辺が山に囲まれた、いわゆる朝鮮式山城が築造されてもおかしくない地形ですから、あの辺も具体的に調べると出てくるかもしれない。それから、西の北の方ですね。高島郡の高島町付近に「三尾城《みおのき》」というのがありまして、これは壬申《じんしん》の乱の時に、瀬田橋を挟んで最後の決戦が戦われたのと同じ日に「三尾城」が落とされている。近江朝廷の北の守りである「三尾城」が落ちたと、『日本書紀』に一行だけ載っていますが（史料66）、これもおそらく、大津京造営の時に対外的防御のために構えた山城、それを壬申の乱の時に利用して、近江朝廷が守りの拠点としていたのだろう。それが、破られたという記事になって残ったのだろうと思います。ですから、いわゆる朝鮮式山城というのは近江にもあるのではないかと思っておりますが、まだ明確になっていません。

ご質問の中で、横穴式石室についての質問がたくさんあったんですが、大津遷都により消滅したのかというご質問ですけれども、大津京造営により破壊されたもの、破壊されずに今日まで残ったものなど、いろいろだと思います。だいたい古墳が造られる時代は七世紀前半ぐらいで終わってしまいまして、大津京時代ではもう古墳はほとんど造られない。その時代の古墳はほとんどなかったと見ていいだろうと思います。

それから、近江は鉄生産の国であったわけですけれども、その鉄生産との関係で近江遷都がとらえられないだろうか、というご意見がありました。文献史料では、保良宮《ほらのみや》を積極的に造営した藤原仲麻呂が、「鉄穴」を賜ったという記事がありまして（史料147）、八世紀の、その段階では把握できますけれども、大津京に関連した鉄生産の遺跡、そういった製鉄遺跡についてはいまのところ発見されておりませんので、遷都と鉄生産との絡みについては、まだなんとも申し上げられない段階だと思います。

それから、近江の大津京がなぜ短命だったのかということなんですが、一つはですね、都城《とじょう》制《せい》の変遷を考える場合に、主流である幹と枝葉というのを考えておりまして、たとえば、前期難波宮《なにわのみや》といわれる長柄豊碕宮《ながらとよさきのみや》ですね、あれは幹にあたる。それから、藤原京とか平城京は幹にあたる。それに対して、大津京でありますとか、紫香楽宮《しがらきのみや》とか保良宮《ほらのみや》とか由義宮《ゆげのみや》とかは枝にあたって、主流からちょっとずれたかたちの都城制の中でとらえられるのではないだろうかと。したがいまして、幹と枝との都城の性格を同列では扱い得ないのではないか。枝にあたる都城は、おのずから短命の運命を最初から持っていたのではないだろうかと思われます。現に、大津京については非常に土地が狭くてですね、あそこで恒久的な宮都を造るのは非常に難しいだろう。で、遷都の三年後に、天智天皇は、蒲生野《がもうの》に宮地を見るというかたちで行っております（史料41）、あれがどこまで真剣だったかどうかは分からないですけれども、すぐ移すような気配も見せているわけですね。壬申《じんしん》の乱に勝利した大海人《おおあまの》皇子は、もう近江へは帰らずにそのまま大和へ帰ってしまう。この時点で蒲生遷都案は消滅してしまう。そして大海人皇子は大和で宮都を造る。飛鳥《あすか》浄《きよ》御原宮《みはらのみや》ですが（史料70〜72）、後岡本宮《のちのおかもとのみや》を一部修理したかたちでそこに入って何年か居て、そこで藤原京の計画をしている。その浄御原宮も枝葉にあたるものだろうというふうに考えております。ですから、いずれも近江の都は短命を宿命づけられた都であっただろう、というふうに思います。

　次に、渡来人が、大津京が滅びた後どうしたのか、というご質問がありますが、それはよく分かりません。ただ、一つは、瓦作りの工人のことを考えますと、関東の方にですね、時代はちょっとずれますけれども、同じような技術で瓦が作られている例がありますので、そちらの方へ行った可能性も考古学的には考えられるかな、と考えています。平安時代の文献史料には、この大津京の跡地あるいは近江全域に渡来人の活躍した様子が示されていますので（56頁図13参照）、壬申の乱後、大半は元の地に帰って生計を立てたのではないかと思われます。

　それから、大津宮錦織《おおつのみやにしこおり》遺跡で、最近発掘した場所はどの辺かというご質問がありましたが、図面でお話しますと、「大津宮関連遺構検出状況」の図（図40）をご覧ください。そこに、大津

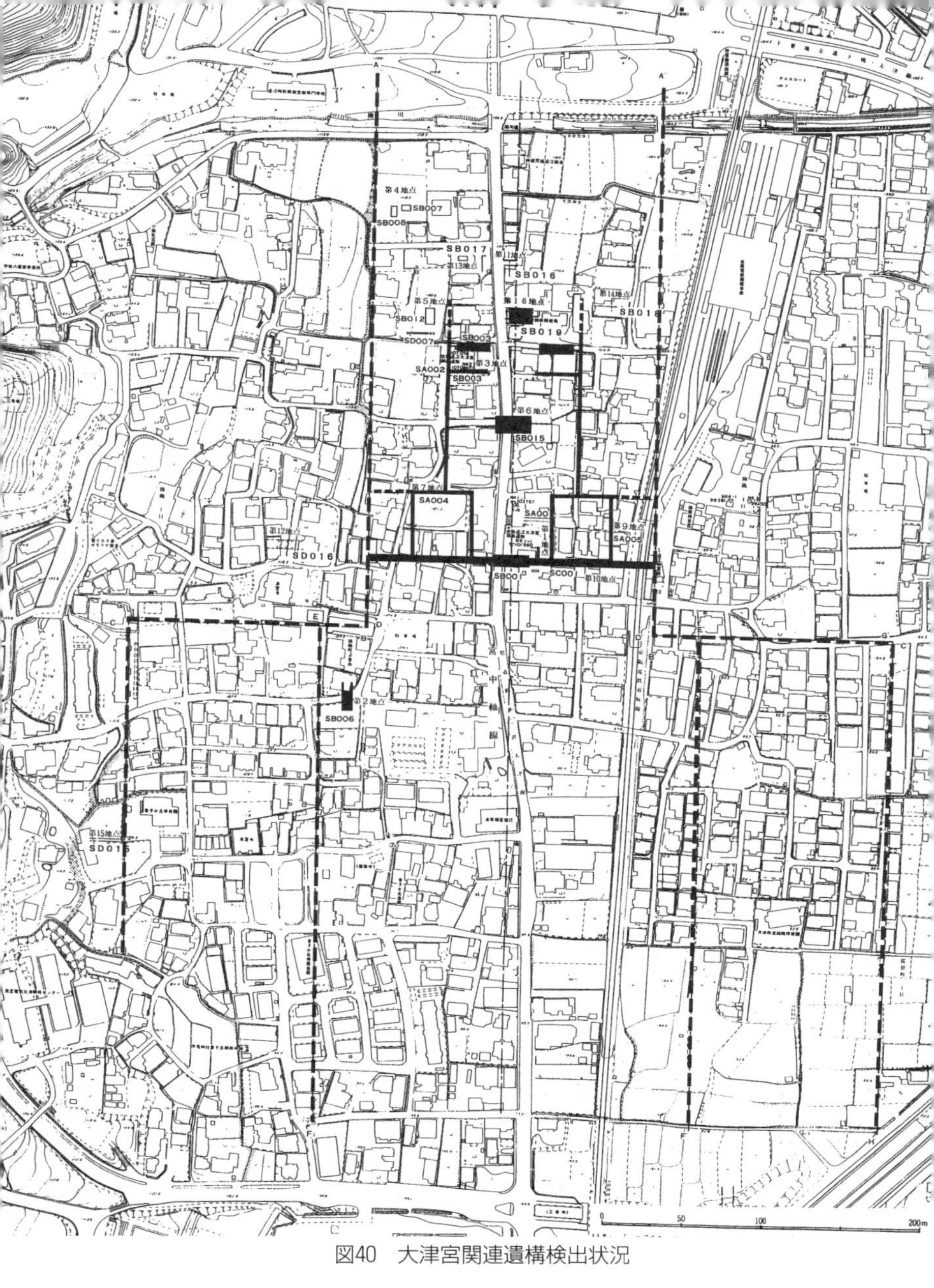

図40　大津宮関連遺構検出状況

宮の中軸線のほぼその上を通る南北の道路（県道）がありますが、道路をずっと北に行きますと柳川がありまして、近江神宮になるんですが、その川の手前の五〇メートルぐらいのところを東に入った所、だいたいその付近です。その付近で調査されていまして、その付近が大津宮の中枢部の北限になるのではないかということです。

それから、検出した建物遺構が、庇《ひさし》のある建物だということがどうしてわかるか、というご質問があるんですが、これは建築史の先生がおられたら、もっと詳しいんですが、普通われわれは建物を見るときに、たとえば「古代の大型掘立柱《ほったてばしら》建物」の図（図41）を見ていただきますと、そこに、大津宮の内裏正殿《だいりせいでん》の図がありますが、その五間に二間の柱跡で囲まれた空白の部分、これを建物の中心部、「身舎《もや》」といいますが、それの周囲に一間の張り出し部がある。その張り出し部を庇と建築史の人はとらえています。われわれはそれに従って、こういう構造のものはすべて庇だと考えています。大津宮の内裏正殿のように四面《しめん》にあるのは四面庇、膳所《ぜぜ》城下町遺跡の建物などは北と南にのみ張り出しがありますから二面庇の建物と、こういうふうに理解します。

それから、保良宮に関してですけれども、石山の北大路一丁目に西方寺《さいほうじ》という寺院がありますが、そこの鐘楼の基壇にある礎石と保良宮との関係はどうかとか、国分《こくぶ》二丁目にある通称「へそ石」という礎石はどうかといった、ご質問が出ております。たぶんですね、平安時代の国分寺・国分尼寺は石山国分台地といいますか、瀬田の地からこの地に移されているわけです。その辺りが全面に畑であった頃は礎石がたくさんあったという記録がありまして、それはおそらく国分寺、

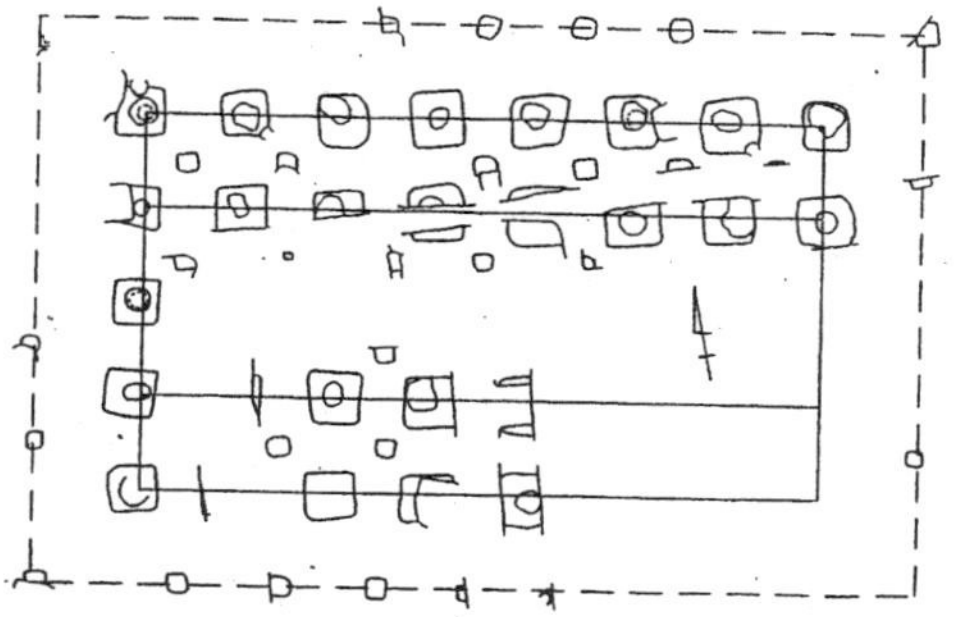

膳所城下町遺跡

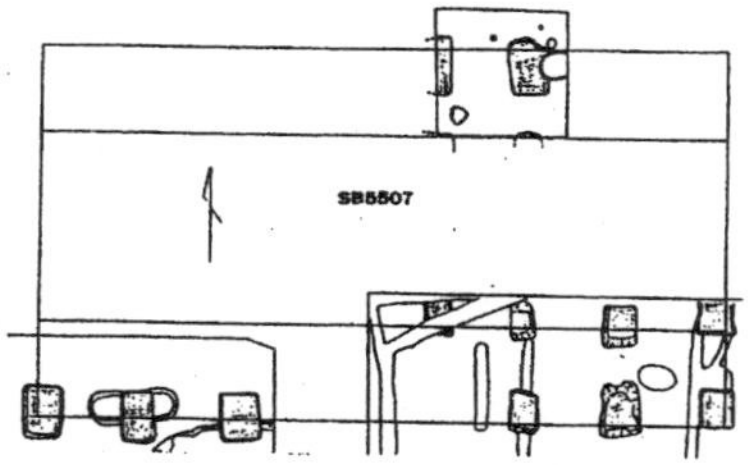

恭仁宮（内裏の中心建物）

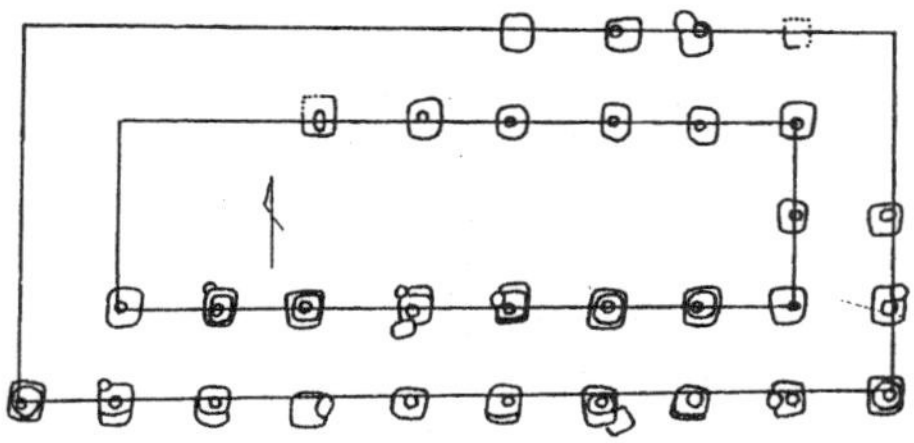

紫香楽宮（朝堂の殿舎）

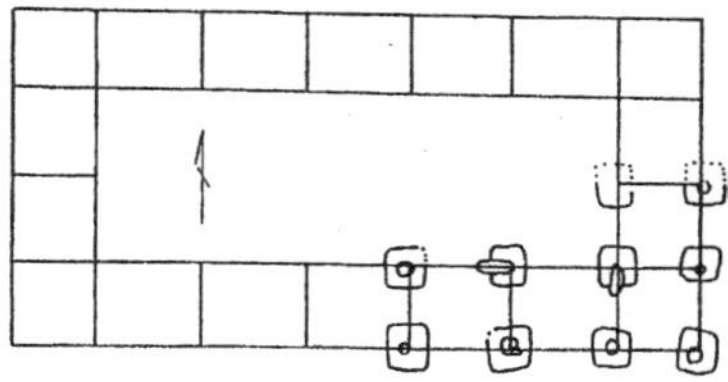

大津宮（内裏の正殿）

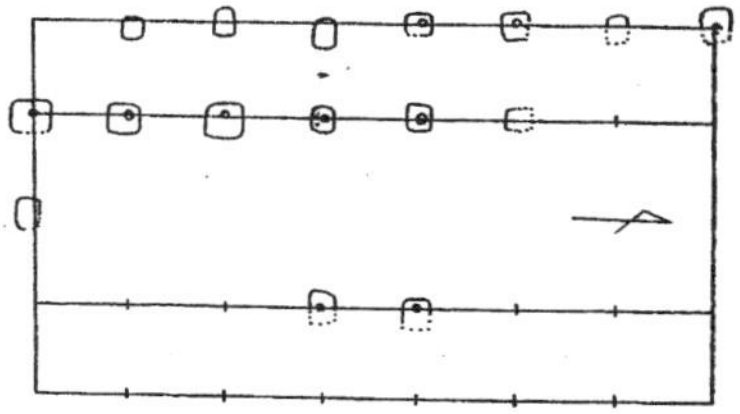

雷丘東方遺跡（称徳朝の「小治田宮」）

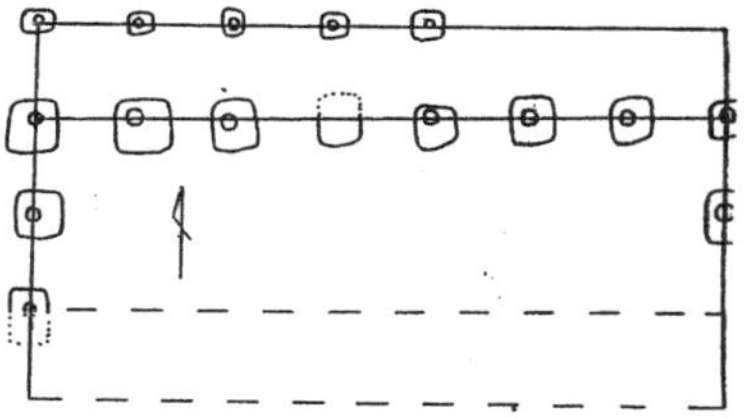

上宮遺跡（称徳天皇の「飽波宮」）

0　20m

S≒1／300

図41　古代の大型掘立柱建物（二面庇を中心に）

あるいは国分尼寺のものだろうと推定されておりまして、その一部が西方寺に移されたのだと聞いております。また、「へそ石」というのはおそらく、その礎石にした石を切り出すときに、あの裏山、近津尾《ちかつお》神社のある裏山には原石がたくさんゴロゴロしておりまして、おそらくその辺から切り出す時のもので、使ったものではないのではないかと想像しています。実際にどうかといわれると分かりませんけれども、そのように理解しております。

井上　ありがとうございました。次に、栄原先生にご報告いただきましたのは、紫香楽宮《しがらきのみや》を主たる範囲としたお話でございまして、紫香楽宮は現在最も精力的に発掘調査が進められている所でございます。近江の都では、もちろん大津宮も発掘調査が積極的に進められてはおりますけれども、なにせ大半が市街地、住宅地でございまして、それに対しまして紫香楽宮の所在地は、大半が農地であるということも関係しているとは思いますけれども、その発掘調査の成果をふまえて、文献史料との非常に厳密な整合性の中でお話をいただきました。栄原先生にもいくつかの質問がまいっておりますので、司会の方からの要望を入れて恐縮ですけれども、紫香楽宮における人々の暮らしみたいなもので何かわかっているような材料、宮の建物配置ももちろん重要ですけれども、宮の周辺に居て都を支えていた庶民の生活の有様なんかが分かるようなデータ、あるいは何かお考えがあれば、それを合わせてお聞かせいただけますでしょうか。

栄原　司会の方からもう一つ、難問をいただいてしまいましたけれども、紫香楽宮関係にもたくさんのご質問をいただきまして、どうもありがとうございました。

非常にお詳しい方からのご質問もありまして、なかなかお答えしにくいところもあるのですが、私の方でやや強引にまとめさせていただきました。いくつか質問が集中しました点は、紫香楽宮を造る場合に、在地の豪族がどのように協力したのか、たとえば、「甲可臣《こうがのおみ》」といった豪族が居るが、どう関係したのか、とか、なぜ信楽の宮町という場所に紫香楽宮が造られたのか、その理由として草津一帯の銅とか砂金の鉱山の採掘とか、そういうことと関係があるのではないか、とか、簡単に言いますと、紫香楽宮の人的・経済的基盤は何か、というふうにまとめたらいいと思うんですが、そういう点について、質問が集中したと思います。さきほどの井上先生のご要望も、ある意味この質問に関係する点があるかと思いますけれども、いずれも非常にお答えしにくい点でございます。

私は、紫香楽宮の発掘調査の委員会に関係しまして、信楽《しがらき》によく参らせていただくのですけれども、いつも疑問に思うのは、どうしてこの地に、聖武が着目したのだろうかということです。このことは、よく聞かれるんですけれども、わからないとしか答えられないのです。もちろん、恭仁京《くにきょう》のあるいまの京都府の木津町・加茂町から、信楽を抜けて水口《みなくち》の方まで続いていく、一つの山寄りの交通ルートがあります。紫香楽がその線上に乗っていることは確かなんですけれども、それだけではなかなか説明しにくいように思います。

そういうことで、なぜ信楽かということについては、これから私が考えていかなければならない非常に重要な課題です。ただ、聖武が紫香楽を選んだことは確かなので、それをどう考えているかということで、一言だけいっておけば、聖武は、恭仁京を造営するかたわら、大仏を造る場所を探していたわけでございますので、恭仁京に対して、山間の清浄《しょうじょう》の地を探し求めていて、それに見合う場所として紫香楽が選ばれたということなのではないかと思います。非常に一般的なことしか申し上げられずに恐縮でございますが。

それから、いろんな豪族が関係したか、協力したか、ということでございますけれども、これはもちろん協力しているのであります。ただし、聖武が考えていた大仏の造営とか紫香楽宮の造営というのは、もう少しスケールが大きかったと思います。「知識《ちしき》」という言葉をよく使いますけれども、仏教信仰のあかしとして、あるいは仏教修行の一つとして、財物、お金とか物資、それから場合によっては労働力を仏のために捧《ささ》げるということが行われます。聖武は広く「知識」というものを日本全国に呼びかけたわけです(史料111)。日本全国の人々の仏教信仰を「知識」に結集して大仏を造営し、そのための紫香楽宮というものを構想したわけです。そういう意味で、日本全国を一つの「知識」にまとめよう、ということが聖武の非常に大きな願いであったわけです。

それは、藤原広嗣の反乱や、もう少し後になりますと橘奈良麻呂《たちばなのならまろ》の乱という、当時の貴族たちを二分する、血で血を争うような事件が連続する中で、帝王としての聖武にとっては、いかに日本全体を一つにまとめるかということが非常に重要な課題であったわけです。その時に、大仏、あるいは国分寺もそういうふうにいえるかもしれませんが、それらを造営する、そこにすべての人々を結集するということで、分裂の危機にある日本の国を一つにまとめようとした、ということだと思います。そのような中で、地方の豪族たちが大量の物資を大仏造営のために寄進している例が『続日本紀』に何例か出てまいりますけれども、たとえば、天平二十年（七四八）二月、「甲可臣真束《こうがのおみまつか》」という人物が、これは紫香楽のある甲賀郡の豪族ですけれども、大金を寄進しているといった例がございます（史料134・135）。ですから、在地の豪族としても一生懸命協力しましたが、大仏の造営はさらにもっと、スケールの大きいかたちで進んだと考えられるのではないだろうかと思います。

それから、少し由義宮《ゆげのみや》の話をいたしまして、詳しいことは何もいわなかったんですけれども、由義宮は、現在の大阪の八尾市あたりに想定されている宮であります。今日は近江・大津にある都ということが一つのテーマでありましたが、私がお話したかったのは、八世紀の中頃から後半にかけて、連続していくつもの都が造られていく、そのいくつかの都というのは、おそらく性格的にも、たぶん構造的にもよく似ているだろう。それは、紫香楽宮が一つのモデルになるのではないか。そういう主旨で、その一つとして由義宮を取りあげさせていただいたということでございますので、補足をさせていただきたいと思います。

それから、では大仏はどこに造ったのかという質問がございました。現在、史跡紫香楽宮跡というのがあって、さきほどの調査事例報告にありましたように、そこが甲賀寺というお寺だということになります。大仏が甲賀寺の本尊だとすると、いまの甲賀寺の本尊があったはずの金堂にはとてもおさまらない、小さい大仏しか造れないということになります。大仏とは、丈六《じょうろく》（一丈六尺）以上の大きさのものがみなそうでありますから、いろいろな大仏が有り得ますけれども、私はむしろ、甲賀寺というのは大仏を本尊とするお寺ではなく、大仏を鎮護するためのお寺であって、大仏本体はたぶん、いまの甲賀寺跡の背面にかなり平坦なフラットな土地がありますので、その辺りに建立を想定されていたのではないかと考えております。その南側前面に甲賀寺が計画されていると、現在の私は、そういうふうに考えております。

それから、これはご質問はなかったんですけれども、保良宮のお話をいたしまして、それについて井上先生の方から、保良宮の造営には、国際的背景、ことに藤原仲麻呂の新羅《しらぎ》遠征計画と関係があるのではないか、仲麻呂の政権構想の一部分として保良宮の造営が考えられたというお話を承りました。私もその通りだと思いますし、まったく賛成なんでございます。その上ですこしだけ付け加えさせていただきますと、当時の「国際」というのをどこまで見るかということになりますが、仲麻呂は、もちろん新羅遠征計画を進めているのですが、同時に「蝦夷《えみし》」というものもすごく意識いたしまして、息子の朝獦《あさかり》（朝狩）というのを東北に派遣いたします。東北地方の東側の拠点、陸奥《むつ》の多賀城《たがじょう》の大増強工事というのはその頃に行われますし、それから日本海側の拠点であります出羽《でわ》の秋田城の整備も、だいたい仲麻呂の時代でございます。仲麻呂は、東国、蝦夷にたいへん注目していたわけでございまして、さきほど金田先生のお話にもありました東山道の重要性、さらに東山道の奥に陸奥・出羽があるわけでございまして、そういうことも含めて保良宮の造営の政治的背景というのを考えさせていただきたいと思いました。

それから最後に、紫香楽地方の都市的な状況というのはどうであったのか、ということでありますが、これに関連して、「宮」と「京」とはどう違うのかというご質問がございました。「宮」というのは、基本的には天皇の居住空間と、それに官庁街ですね、そういうものがセットになったようなものが「宮」でございます。これも段階があって、最初は天皇およびその一族の居住空間だけでした。ところがその後、その「宮」の周辺に、たとえば平城京であれば碁盤の目のような居住空間、街衢《がいく》と呼ばれることもありますが、人々の住む場所が付いてくる。そういうものを「京」というふうに呼んでいるわけです。ですから、「宮」があってその周りに「京」というものがあるということですね。一番典型的なのが、平城京や平安京だと思われます。

そこで、紫香楽にも「京」があっただろうということを、さきほど申し上げたわけであります。宮町の辺りはコンパクトな小さな盆地でございますから、天皇が居る「宮」があって、それに、さきほどの話のように「曹司《そうし》」という役所も付随していた。それが「紫香楽宮」であって、それを中心として「紫香楽京」が、そういう言葉は史料には出てきませんけれども、ある時期に設定されただろうと考えられます。ただし、それは碁盤の目のような整然とした街衢《がいく》を考える必要は全然ないのであって、別に碁盤の目でなくても「京」でよろしいわけでございます。一定の地域を「京」とするということが、ある時期、おそらく紫香楽が首都になった時点で構想されたのだろうと思われます。

紫香楽には、かなりの人たちが居たことは間違いありません。さきほどあげました『正倉院文書』の「大粮中文《たいろうもうしぶみ》」の中でも、一つの役所で何百人という例がありますので、相当な人数が紫香楽に居たことは確かだろうと思います。ではそういう人たちが、紫香楽近辺でどのような生活をしていたのかという問題が出てきます。これは私自身も知りたいところでありますけれども、今のところ十分な手がかりがありません。たぶんこれから発掘調査で出てくるんじゃないかと期待しています。宮町遺跡とそれから大仏がある甲賀寺の丘陵の中間地域で、最近になりましてさきほどの調査事例報告にもありました、鍛冶屋敷《かじやしき》遺跡だとか、新宮《しんぐう》神社遺跡だとか、それから北《きた》黄瀬《きのせ》遺跡だとかが、次々と見つかってきております。その両者の中間地域は若干開けた平坦地でございますので、その辺におそらく人々の居住するような場所があったのではないかと思われます。

約二〇年かかって紫香楽宮の構造について、ようやくベールがはがれてきました。次は紫香楽宮を囲むその周辺地域、紫香楽全体がどうなっていて、そこにどういう人々が、どのように住んでいたのかということを、私たちとしては非常に知りたいと思っているのですが、いまのところは、そこまで申し上げるだけの材料がないので、お答えできないということでございます。

井上　ありがとうございます。無理な質問を私の方からも加えてしまいまして、たいへん申し訳けございませんでした。ところで、紫香楽宮の時代の日本の人口は、どれくらいでしたかね。おそらく、五百数十万、五百から六百万くらいの間かと思いますけれども、それくらいの全日本の人口の中で宮の中心部分、いわゆる、皇居だとか、いわゆる官公庁だとか、それに関わる人数というのは、たかだか一万人前後、一万人をおそらく切るだろうと思います。その周りに、あるいはその暮らしを支えた多くの一般庶民、一般市民たちがいるわけでございまして、その暮らしが明らかになるのには確かにまだこれから時間がかかります。それは、奈良の都、平城京でも同じでございますし、京都の都、平安京でも同じでございます。やっとここ一〇年くらいで暮らしの姿が明らかになってきたという状況でございますので、そういう質問をあえて栄原先生にいたしましたのは、これからの発掘調査の中で、天皇・皇族だとか、貴族だとか、そういう人たちの空間のみに注意するのではなくて、その周りにある、あるいはそれを支えた人々の暮らしというものにもご留意いただきたいから、ちょっと、その質問をぶつけさせていただきました。ありがとうございました。

次に、金田先生から少しお話をいただきたいと思います。さきほどのお話の中で、この近江という国を考える時に、東山道《とうさんどう》という、もう少し広い領域の中で、近江の位置を考えるというお話がございました。そして、それと合わせて、美濃の国、現在の岐阜県でございますが、近江・美濃の重要性をご指摘になったかと思います。この美濃については、壬申《じんしん》の乱の時の大海人《おおあまの》皇子の進軍の例がございます。吉野を出ましたとき、大海人皇子に付き従う者は二〇数人しかいなかったんですね。その二〇数人が、吉野から伊賀、伊賀から伊勢、伊勢から美濃と進む段階で、万という数字に膨《ふく》れ上がりまして、そして、大海人皇子は最後まで、不破《ふわ》を離れなかったんですけれども、そこで、戦線を指揮いたしまして、勝利を収めました。つまり、大海人皇子の場合、二〇数人という、一撃されればたちどころに滅びる勢力が、美濃に行けたがために、それだけの大勢力になった。そういう重要な役割を美濃の国は持っておりますし、また後の平安時代に、桓武《かんむ》天皇の次の天皇の、平城上皇《へいぜいじょうこう》という人は、退位してから、ふたたび、政治権力の座に就きたいということを願った人なんですけれども、それで、藤原薬子《くすこ》の乱というのをご存知の方もいらっしゃるかと思いますが、その時にやはり、平城上皇も東国《とうごく》へ行こうとします。結局、途中で捕まるものですから、東国入りは実現しなかったわけですが、この平城上皇の実現しなかったケースも、大海人皇子の実現したケースも、いわば、共に緊急に発生した事態を打開するために美濃へ行っているということになります。

聖武《しょうむ》天皇も果たしてそうなのかどうかということも含めまして、金田先生もちょっとお触れになりましたが、栄原先生は聖武天皇の行幸は非常に計画性の強い行動だというようにとらえられましたけれども、この辺も若干追加していただきながら、お願いできますでしょうか。

金田　私は、大津宮の立地とか、東山道における、あるいは当時の国家構造における、近江とか美濃といった国の重要性ということを申し上げましたが、そういう漠然としたかたちでしか申し上げておりませんでしたけれども、大津宮というものの設置自体が、さきほどからのお話にありますけれども、東アジアの政治的な緊張の中で、必ずしも白村江《はくそんこう》の戦いで敗れたために逃げたとか、(当然それに対応する必要性もあったと思いますけれども、)そういう消極的な面だけではなくて、東国を積極的に経営するという、そういう趣旨の積極的な内政の面というのも非常に強かったのであろうという理解をしているわけです。もちろん、これは全体としてどういうバランスの中で、どういったかたちで考えられたのかということが、もっと細部に至るまで分かればいいのですが、なかなか分からないというところもありますものの、基本的な要因としてはそうだろういう理解をしております。

それから、さらに大津宮の位置について、私は、大津宮というのが最近では宮の構造がよく分かるようになってきたものですから、それを前提にしてお話しているのですが、それでは、なぜあの場所なのかといわれますと、じつは正直なところ分かりません。同じことは、さきほど紫香楽宮について栄原さんもおっしゃったとおりでありますけれども、依然として分からないことの方が多いんですけれども、そういった状況の中で政策担当者が判断した結果が、そういったことであったということは、間違いないところであります。それ以上のことについては分からないので、先送りさせていただくということにさせていただきます。

さて、私のところへの質問といいますか、ご質問の中に、交通路とか交通に関する質問がいくつかございまして、そのことについて補足的にご説明申し上げたいと思います。

まず、「近江国府主要関連遺構」の図(図42)をご覧ください。以前から私は、近江国府は丘

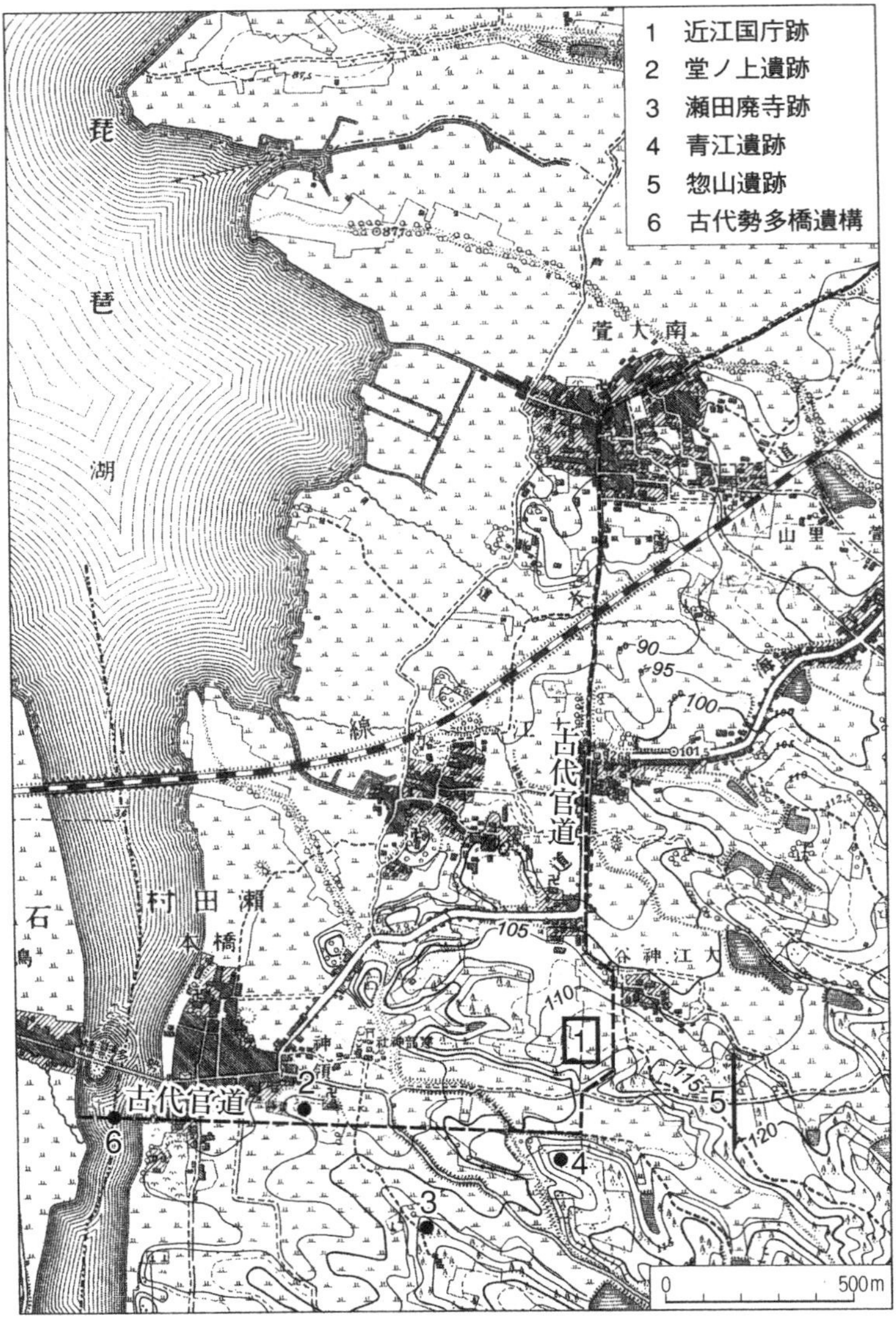

図42　近江国府関連主要遺構

の上に、瓦葺きの立派な施設が立地していて、そして東山道は谷底といいますか、谷の部分を主としてたどるかたちで通じていたと、そういうぐあいに考えられると判断しておりまして、その概略を表現したのが、この図であります。私は、それで少し調子に乗りまして、近江国府における、丘の上に瓦葺きの建物が建ち並んでいる景観を、「丘上《きゅうじょう》の甍群《いらかぐん》」という表現で数年前からいい始めているんですけれども、そういった状況であります。そこに、点線で推定の（まだじつは確定していない所もあるんですが）東山道のルートを書き込んでおります。古代の道というのは、特に律令国家が整ってからは、こういった直線的な道が造られております。

さらに、「尼子西《あまこにし》遺跡主要遺構」の図（図43）を見ていただきますと、これは彦根市のすぐ東側に接した所でありますが、発掘調査が行われまして、大雑把にいって道幅が約一二メートルの直線の道路が検出されております。そういった道が、東山道の基本形だったと考えてよろしいわけであります。そういった道路がいつ頃から整備されたのかというのが問題になりますが、すでに壬申の乱の時にほぼ同じルートをたどっていたということがありますので、実際にこういうかたちで整備されていたかどうかは別にいたしまして、そういったルートがあったということと、それから大海人皇子が吉野を出てすぐ、飛鳥の旧都に置かれていた「留守司《るすのつかさ》」（大津宮時代にも、管理機能の一部がまだ飛鳥にあったわけですが）、そこへ「駅鈴《えきれい》」を求めておりますので（史料63）、つまりそういう駅の馬や施設を利用する許可を求めているということですから、そういう交通システムがある程度あったということがまた一方で確かであります。そうすると、そういっ

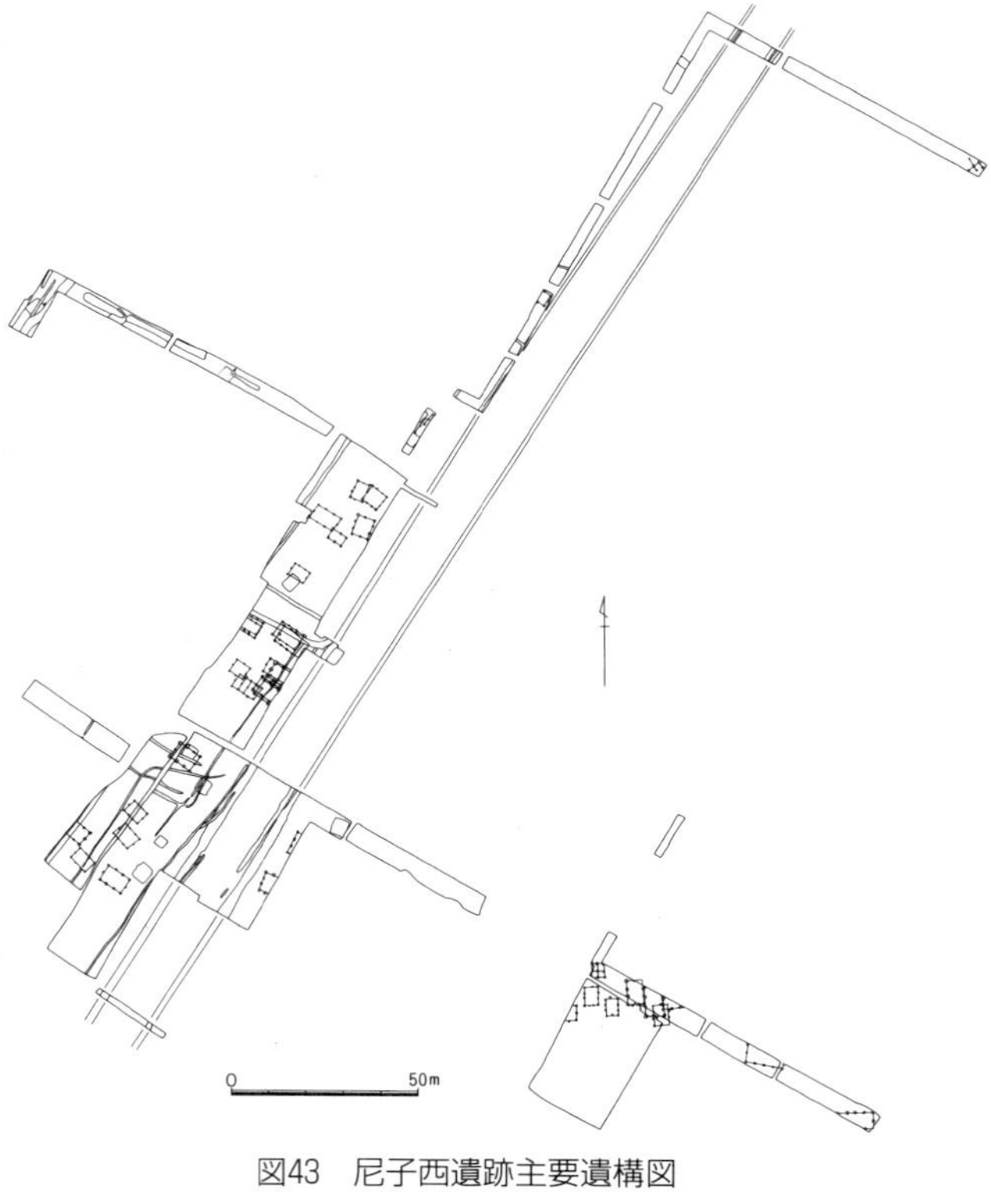

図43　尼子西遺跡主要遺構図

た交通システムも、少なくとも大津宮の時代にはある程度は整備されていた、後の時代とまったく同じだとはいい切れませんけれども、そういうふうに考えざるを得ないというふうに思います。

そういったことを前提にして考えるべきだろうと思いますが、ご質問の一つに、奈良と紫香楽をどのように行き来したのかという質問がございました。一般的な答にしかならないのですけれども、おそらく「古東山道」「古北陸道」というのは、飛鳥から真っすぐ北へ行きました後、奈良坂越えを通って北へ行って、木津川、昔は「泉川」といい、そこに「泉橋」という橋が古代からあったのですが、そこで北へ渡って、それから東へ行って恭仁宮へ入り、さらに北東へ進んで紫香楽宮というのが基本的なルートであったと思います。それしか行けなかったというわけではありませんけれども、それが基本ルートであったと考えていいと思います。もちろん、他からアクセスすることも可能であります。

それから、同じような質問がいくつかあるのですけれども、たとえば、『万葉集』に額田王《ぬかたのおおきみ》の歌なんかがあったりして有名な、天智天皇の「蒲生野《がもうの》の遊猟」（史料27）は、どのようなルートで行ったのか。この蒲生野の遊猟というのは、その後にじつは「匱迮野《ひっさの》」の宮地を見るという記事（史料41）が出てまいりますから、非常に意味のあることだろうと思うのですが、その蒲生野というのは、日野川《ひのがわ》と愛知川《えちがわ》の間にありますが、そうすると大津宮から陸路をずっとたどっても蒲生野に近づけるわけですので、当然このルートは考えられます。

実際どういうふうに行ったのかということは分からないわけですが、この他のルートでいえば、一つの可能性として、水路というものも考えに入れてよいように思います。

少し前に、これは新聞等でも発表されたことでありますが、大中《だいなか》の湖南《こみなみ》遺跡というのが発見されました。この遺跡は、圃場《ほじょう》整備事業の途中で見つかったものですから、表面の調査しか行われておりませんので、詳しいことは分からない部分があるのですが、その時に、二時期に渡る石積みの遺構が出てまいりまして、その大きな可能性は船着場じゃないかということです。ただ、残念なことに古代の船着場がどんなものであるのか、というのがどこでもまだ検出されておりませんので、あれがそうであれば大変画期的な発見なんですけれども、それが本当に船着場かどうかという確認がいまのところできておりません。できておりませんが、発掘担当者の所見によりますと、その石積みの時期の一つが七世紀の後半頃、もう一つが八世紀の後半頃と考えられています。これから後はやや夢物語に近づいてくるわけですが、一つの可能性といたしましては、一つはひょっとすると大津宮の時代かもしれない、もう一つは紫香楽宮の時代かもしれないということです。

これはいくつかの仮定のもとでお話をしておりますので、そういう一つの可能性にしか過ぎないということを繰り返し申し上げておきたいのですけれども、そういたしますと、蒲生野へ陸路をたどると遠いですから、船で行ったとしますと、仮に天気のいい日の場合ですとすぐ行ける距離です。大中の湖というのは湖東に深く入り込んだ内湖で、その入口は開いていたというのが、現在までの所見でありますので、そうすると湖から船で大中の湖の南の所まで直接アクセスできる、蒲生野へ行くには非常に便利な場所であるという、これは状況証拠であります。

それからもう一つ、紫香楽宮に結びつけられる可能性のあるお話をいたしますと、それは『続日本紀』の天平十五年（七四三）十月十六日条（史料112）の記事であります。さきほど栄原さんもお触れになった記事でもありますけれども、「東海・東山・北陸三道廿五国の今年の調・庸等の物、皆紫香楽宮に貢《たてまつ》らしむ」という記事があります。つまり、東海道というのは東の太平洋側、東山道は近江の国を含む日本の北東部の中央部分、北陸は日本海側であります。そこの調庸物などを紫香楽に集めたということであります。実際に紫香楽宮で確認された木簡《もっかん》などによりましても、いろんな物が来ているということは事実であります。そうすると、そういったものをどういったルートで、どのように運んだかということは大変関心のあるところであります。

東海道は本来、伊勢・伊賀と来るわけですので、南から来る可能性もあり得るわけですけれども、東山・北陸は明らかに北から参ります。もし、想像をたくましくすれば、大中の湖の南辺りに船で接岸するとすれば、これは紫香楽に充分アクセスできるというか、きわめて好都合な条件であるということになろうと思います。大中の湖南遺跡は圃場整備のために発掘調査されましたので、表面は確認されたのですが、石積みがそのまま水田の下に眠っていますので、いずれ再調査をすることができれば、もっといろんなことも分かるかもしれないというふうに思います。

以上、いくつかの交通関係に関するご質問がございましたが、じつは的確にお答えできるものはあまりないのですが、そういった古代の官道でありますとか水上交通など、交通条件、あるいは立地に関する一つの可能性というものをご紹介させていただきまして、答えにかえたいと思います。

井上　ありがとうございます。私の方からも、ご質問申し上げようかどうかと迷っておりました水上交通のことについても触れていただき、大変ありがとうございます。近江は何といいましても、「近《ちか》つ淡海《あわうみ》」でございまして、湖を中にした国・地域でございます。湖上交通のことは大変重要な意味を持つことは申すまでもありません。

以上、近江の都につきまして、それぞれの方々のご意見、お話、また皆様方のご質問に充分かどうか分かりませんがお答えさせていただきました。

考古学的な調査の成果や、文献史料の表現、それらの資料の向こうからどういう歴史を、古代近江の豊かな歴史が読み取れるかということもふまえて、対応したつもりでございますけれども、至らぬ点、司会の不手際とも合わせてお詫びを申し上げます。頂戴いたしました時間がだいぶ過ぎてしまいましたので、本日のシンポジウムはこれで終わらせていただきたいと思います。どうもありがとうございました。

近江・大津の宮都関係年表

西暦	日本	中国	朝鮮（高句麗《こうくり》・百済《くだら》・新羅《しらぎ》）
	景行《けいこう》天皇五八年、近江国《おうみのくに》志賀の高穴穂宮《たかあなほのみや》に都《みやこ》を移すという		
五八一		隋《ずい》、建国	高句麗・百済が隋に朝貢《ちょうこう》
五八九		隋が中国を統一	
五九四			新羅が隋に朝貢
六〇七	小野妹子《おののいもこ》らを隋に派遣（第二次遣隋使）		
六一八		隋滅亡、唐《とう》を建国	
六二四		唐が、高句麗・百済・新羅に授爵《じゅしゃく》（冊封《さくほう》）	
六三〇	犬上御田鍬《いぬかみのみたすき》らを唐に派遣（第一次遣唐使）		
六四三			新羅が唐に救援を要請
六四五	中大兄《なかのおおえ》皇子・中臣鎌足《なかとみのかまたり》らが蘇我入鹿《そがのいるか》を暗殺（乙巳《いっし》の変）。孝徳《こうとく》天皇即位。都を難波長柄《なにわながら》豊碕宮《とよさきのみや》に移す	唐が高句麗遠征を開始（第一次）	
六四六	改新の詔《みことのり》を発布。畿内国を設定		
六四七		唐、第二次高句麗遠征	
六四八		唐、第三次高句麗遠征	
六四九			新羅が百済軍を破る

西暦	日本	中国	朝鮮（高句麗《こうくり》・百済《くだら》・新羅《しらぎ》）
六五一	新羅《しらぎ》の使節を追い返し、その関係険悪化		
六五四		唐が新羅王を冊封	
六五八		唐が高句麗を攻める	
六五九	斉明《さいめい》天皇が近江国の平浦《ひらのうら》に行幸《ぎょうこう》		
六六〇	百済《くだら》の鬼室福信《きしつふくしん》が日本に救援軍を要請		唐・新羅が百済を滅ぼす
六六一	斉明天皇、百済救援のため西征、九州で没。中大兄皇子称制《しょうせい》（即位せず執政）	唐が高句麗に出兵	
六六三	日本・百済軍が白村江《はくそんこう》で唐・新羅軍に大敗。日本軍は百済の遺民とともに帰国	唐が新羅に援軍を送る	百済王豊璋《ほうしょう》が高句麗に逃れる
六六四	唐使郭務悰《かくむそう》らが筑紫《つくし》に来る。対馬《つしま》・壱岐《いき》・筑紫に防人《さきもり》・烽《とぶひ》を置き、筑紫に水城《みずき》を造る		
六六五	筑紫に大野城・椽《き》城、長門《ながと》に城を築く。唐使劉徳高《りゅうとくこう》らが筑紫に来る。百済の百姓四〇〇余人を近江国神前《かんざき》郡に移す		
六六六	都の鼠《ねずみ》、近江に向かって移る	唐の高宗《こうそう》の泰山での封禅の儀に、新羅・百済・高句麗・日本の使者も参加。唐が高句麗の内訌《ないこう》に乗じて出兵	

六六七	都を近江（大津宮《おおつのみや》）に移す。大和に高安城《たかやすのき》、讃岐《さぬき》に屋島《やしま》城、対馬に金田城を築く		
六六八	中大兄皇子即位（天智《てんじ》天皇）。近江国志賀郡に崇福寺《すうふくじ》を建立。天皇、蒲生野《がもうの》に遊猟。近江国で軍事訓練、また多くの牧《まき》を設けて馬を飼育。高句麗《こうくり》と新羅《しらぎ》の使節が来る		唐が高句麗を滅ぼす
六六九	天皇、山科野《やましなの》に遊猟。藤原（中臣）鎌足没。鬼室集斯《きしつしゅうし》ら七〇〇余人を蒲生《がもう》郡に移す。		
六七〇	全国的に戸籍（庚午年籍《こうごねんじゃく》）を造る。天皇、蒲生郡の匱迮野《ひつさの》に行幸《ぎょうこう》して宮地を観《み》る。高安城を修築		高句麗の遺臣が唐に反旗。新羅がこれを助ける
六七一	大友皇子を太政大臣《だいじょうだいじん》に任命。漏刻《ろうこく》を用い、鐘鼓を打って時を知らせる。大海人《おおあま》皇子、吉野に隠退。天智天皇没。唐使郭務悰ら二〇〇〇余人が来る（大半は唐や百済にとどめられていた日本人か）		
六七二	大海人皇子が吉野で挙兵（壬申《じんしん》の乱）。近江朝廷軍は敗れて、大友皇子自殺。大津宮は滅び、飛鳥浄御原宮《あすかきよみがはらのみや》に遷都		新羅が百済の故地を併合する
六七三	大海人皇子即位（天武《てんむ》天皇）		

西暦	日本	中国	朝鮮（新羅）
六七六			唐が新羅の朝鮮半島領有を認める（統一新羅）
六八六	天武天皇没。		
六九〇		則天武后《そくてんぶこう》が皇帝となり国号を周《しゅう》と改める	
六九四	持統《じとう》天皇が藤原宮《ふじわらのみや》に遷都する		
六九八		震国（渤海《ぼっかい》国）が建国	
七〇一	大宝律令《たいほうりつりょう》を撰定		
七〇二	持統太上天皇没		
七〇五		則天武后没	
七一〇	元明《げんめい》天皇が平城宮《へいじょう》に遷都する	唐、初めて節度使を置く	
七一三		唐、震の大祚栄を渤海国王に封じる	
七一八	養老律令を撰定		
七二〇	渤海に、津司の諸君鞍男《もろきみのくらお》を派遣		
七二一			新羅、北境に長城を築く
七二七	最初の渤海使が来航		
七三三			新羅、唐の命で渤海出兵
七三七	新羅へ使者を派遣。新羅への征討を論議		

七四〇	大宰府《だざいふ》の次官・藤原広嗣《ひろつぐ》が北九州で反乱。聖《しょう》武《む》天皇は伊賀・伊勢・美濃・近江・山背《やましろ》に行《ぎょう》幸《こう》。途中、禾津《あわづ》に立ち寄り（禾津頓宮《とんぐう》）、志賀《しが》山寺《さんじ》（崇福寺《すうふくじ》）に参詣。山背国の恭仁宮《くにのみや》に行幸して、都とする
七四二	近江国甲賀《こうか》郡に通じる恭仁宮の東北道を建設。天皇、紫香楽《しがらき》に行幸、離宮《りきゅう》造営開始
七四三	天皇、紫香楽宮《しがらきのみや》に行幸《ぎょうこう》。畿内に准じて甲賀郡の庸《よう》と田租《でんそ》を免除し、調《ちょう》も半分とする。盧舎《るしゃ》那仏《なぶつ》造顕の詔《みことのり》を出し、甲賀寺《こうがでら》造営を始める。東海・東山《とうさん》・北陸三道二五カ国の調・庸を紫香楽宮に納めさせる
七四四	天皇、恭仁宮《くにのみや》から難波宮《なにわのみや》、また紫香楽宮へ行幸。難波宮を都とする。紫香楽宮で盧舎那仏の体骨柱を立てる。元正《げんしょう》上皇が難波宮から紫香楽宮へ移る
七四五	紫香楽宮を新京と称する。紫香楽宮周辺で火災また地震。天皇、恭仁宮を経て平城《へいじょう》宮に戻る。藤原仲麻呂《なかまろ》が近江守《おうみのかみ》就任
七四九	東大寺に大仏完成。聖武《しょうむ》天皇譲位、孝謙《こうけん》天皇即位

西暦	日本	中国	朝鮮（新羅）
七五二			新羅、遣使を日本へ送る
七五三		唐の含元殿《かんげんでん》で日本と新羅の遣使が朝賀の席次を争う	
七五五		安禄山《あんろくざん》の乱（安史《あんし》の乱）起こる（～七六三）。これにより唐の律令支配体制は弱体化	
七五七	橘奈良麻呂《たちばなのならまろ》の変		
七五八	孝謙天皇譲位、淳仁《じゅんにん》天皇即位。官名を唐風に改める。唐の安禄山の乱にともない、大宰府《だざいふ》防備		
七五九	新羅《しらぎ》征討のために船五〇〇艘を造らせる。近江国滋賀郡で保良宮《ほらのみや》の造営を始める	渤海、日本と提携して新羅を討つ気配	
七六〇	恵美押勝《えみのおしかつ》（藤原仲麻呂）を太師《たいし》（太政大臣）に任命。光明皇太后《こうみょうこうたいごう》没。新羅の使節を本国に返す		
七六一	保良宮で諸司の役人に宅地を班給《はんきゅう》。平城宮改築のため保良宮を陪都《ばいと》（北京）とし、近隣の両郡（滋賀・栗太郡か）を畿県とする。淳仁		

	天皇・孝謙上皇行幸。		
七六二	保良宮の宮殿等を諸国に分担させて造営を一気に進める。東大寺僧良弁《ろうべん》が石山寺《いしやまでら》造営を指揮。淳仁天皇・孝謙上皇が対立、共に保良宮を出て、平城宮へ戻る。孝謙上皇が国政の大事の掌握を宣言		
七六四	恵美押勝《えみのおしかつ》（藤原仲麻呂）の乱。押勝は、孝謙上皇軍に敗れて、近江で戦死。淳仁《じゅんにん》天皇を廃して、孝謙上皇重祚《ちょうそ》（称徳《しょうとく》天皇）。新羅征討計画消滅		
七六五	称徳天皇、道鏡《どうきょう》の郷里、河内《かわち》国の弓削行宮《ゆげのあんぐう》（由義宮《ゆげのみや》）に行幸。道鏡を太政大臣禅師《だいじょうだいじんぜんじ》に任命		
七六六	道鏡を法王とする		
七六九	由義宮（弓削宮）を西京と称し、河内国を河内職《しき》とする		
七七〇	称徳天皇没。道鏡、下野《しもつけ》国に配流《はいる》。光仁《こうにん》天皇即位		
七七九			新羅、公的な日本への外交使節を停止

近江・大津の宮都関係史料

＊近江・大津の宮都関係史料を、シンポジウムで紹介されたものを中心にして、ほぼ年代順で掲載した。数字は、本文注記の史料番号である。

①渡来文化

＊ただし、関係史料の内、大津宮時代の記事は「大津宮」の項にまとめた。

1

『家伝』武智麻呂《むちまろ》伝〔和銅五年（七一二）六月、為近江守条〕

近江国は宇宙《あめのした》に名のあるの地《ところ》なり。地広く人衆《おほ》くして、国富み家給《そな》ふ。東は不破《ふは》に交《まじは》り、北は鶴鹿《つるが》に接《つ》き、南は山背《やましろ》に通《かよ》ひて、この京《みやこ》の邑《さと》に至る。水海《みづうみ》清くして広く、山木《やまき》繁《しげ》くして長し。その壊《つちくれ》は黒壚《くろつち》にして、その田は上々《すぐ》れたり。水旱の災《わざはひ》ありといへども、曾《むかし》より不穫の恤《うれへ》なし。故《かれ》、昔《むかし》聖主賢臣、都をこの地《ところ》に遷《うつ》し、郷童野老、共に無為《ぶゐ》を称《たた》へたりき。手を携《たづさ》へ巡《めぐ》り行《ある》きて、大路《おほぢ》を遊び歌ふ。時の人咸《みな》曰く、太平《たいへい》の代《よ》は、これ公私往来《わうらい》の道にして、東西二陸の喉《のみど》なり。

2

『日本書紀』垂仁《すいにん》天皇三年三月条

新羅《しらぎ》の王《こきし》の子天日槍《あめのひほこ》来帰《まうけ》り。将《も》て来《きた》る物は、羽太《はふと》の玉一箇《たまひとつ》・足高《あしたか》の玉一箇・鵜鹿鹿《うかか》の赤石《あかし》の玉一箇・出石《いづし》の小刀一口《かたなひとつ》・出石の桙一枝《ほこひとつ》・日鏡一面《ひのかがみひとつ》・熊の神籬一具《ひもろきひとそなへ》、并《あは》せて七物《ななくさ》あり。則《すなは》ち但馬国《たぢまのくに》に蔵《をさ》めて、常《つね》に神の物とす。一《ある》に云《い》はく、初め天日槍、艇《はしぶね》に乗りて播磨国《はりまのくに》に泊《とま》りて、宍粟邑《しさはのむら》に在《あ》り。時に天皇《すめらみこと》、三輪君《みわのきみ》が祖大友主《おやおほともぬし》と、倭直《やまとのあたひ》の祖長尾市《ながをち》とを播磨に遣《つかは》して、天日槍を問はしめて曰《のたま》はく、「汝《いまし》は誰人《たれ》ぞ、且《また》、何《いづれ》の国の人ぞ」とのたまふ。天日槍対へて曰《まう》さく、「僕《やつこ》は新羅国の主《こきし》の子なり。然《しか》れども日本国《やまとのくに》に聖皇《ひじりのきみ》有すと聞《うけたまは》りて、則ち己《おの》が国を以《も》て弟知古《おとどちこ》に授《さづ》けて化帰《まうけ》り」とまうす。仍《よ》りて貢献《たてまつ》る物は、葉細《はほそ》の珠《たま》・足高の珠・鵜鹿鹿の赤石の珠・出石の刀子《かたな》・出石の槍《ほこ》・日鏡・熊の神籬・膽狭浅《いささ》の大刀《たち》、并《あは》せて八物《やくさ》あり。仍《よ》りて天日槍に詔《みことのり》して曰《のたま》はく、「播磨国の宍粟邑と、淡路島《あはぢのしま》の出浅邑《いでさのむら》と、是《こ》の二《ふたつ》の邑《むら》は、汝《いまし》任意《こころのまま》に居《はべ》れ」とのたまふ。時に天日槍、啓《まう》して曰《まう》さく、「臣《やつかれ》が住まむ処《ところ》は、若《も》し天恩《あめのみめぐみ》を垂《た》れて、臣が情《こころ》の願《ねがは》しき地《ところ》を聴《ゆる》したまはば、臣親《みづか》ら諸国《もろもろのくに》を歴《めぐ》り視《み》て、則ち臣が心に合《かな》へるを給《たま》はらむと欲《おも》ふ」とまうす。乃《すなは》ち聴したまふ。是《ここ》に、天日槍、菟道河《うぢがは》より泝《さかのぼ》りて、北《きたのかた》近江国《くに》の吾名邑《あなのむら》に入りて暫《しばら》く住む。復更《また》近江より若狭国《わかさのくに》を経て、西《にしのかた》但馬国に到りて則ち住処《ゐどころ》を定む。是《ここ》を以て、近江国の鏡村《かがみのむら》の谷《はさま》の陶人《すゑびと》は、天日槍の従人《つかひびと》なり。故《かれ》、天日槍、但馬国の出嶋《いづし》の人太耳《ふとみみ》が女《むすめ》麻多《また》烏《を》を娶《と》りて、但馬諸助《たぢまもろすく》を生《う》む。諸助、但馬日楢杵《ひならき》を生む。日楢杵、清彦《きよひこ》を生む。清彦、田道間守《たぢまもり》を生むといふ。

3

『日本書紀』欽明《きんめい》天皇三十一年(五七〇)四月二日条

泊瀬《はつせの》柴籬宮《しばかきのみや》に幸《いでま》す。越人《こしのひと》江渟臣裙代《えぬのおみもしろ》、京《みやこ》に詣《まう》でて奏《まう》して曰《まう》さく、「高麗《こま》の使人《つかひ》、風浪《かぜなみ》に辛苦《たしな》みて、迷《まど》ひて浦津《とまり》を失《うしな》へり。水の任《まま》に漂流《ただよ》ひて、忽《たちまち》に岸《ほとり》に到り着く。郡司《こほりのみやつこ》隠匿《かく》せり。

故《かれ》、臣《やつかれ》顕《あらは》し奏《まう》す」とまうす。

4
『日本書紀』同年七月一日条

高麗の使、近江に到る。是の月に、許勢臣猿《こせのおみさる》と吉士赤鳩《きしのあかはと》とを遣《つかは》して、難波津《なにはのつ》より発《た》ちて、船を狭狭波山《ささなみやま》に控《ひ》き引《こ》して、飾船《かざりぶね》を装《よそ》ひて、乃ち往《ゆ》きて近江の北の山に迎へしむ。遂に山背《やましろ》の高槭《こまひの》の館《むろつみ》に引入《こしい》れしめて、則ち東漢坂上直子麻呂《やまとのあやのさかのうへのあたひこまろ》・錦部首大石《にしこほりのおびとおほいし》を遣して、守護《まもりびと》とす。更《また》、高麗の使者を相楽《さがらか》の館に饗《あへ》たまふ。

②大津宮

5
『日本書紀』斉明《さいめい》天皇五年（六五九）三月三日条

天皇《すめらみこと》〔斉明天皇〕、近江《あふみ》の平浦《ひらのうら》に幸《いでま》す。

6
『日本書紀』斉明天皇七年（六六一）十一月条

日本世記《にほんせいき》に云《い》はく、十一月に、福信《ふくしん》が獲《え》たる唐人《もろこしびと》続守言《しよくしゆげん》等《ら》、筑紫《つくし》に至るといふ。或本《あるふみ》に云はく、辛酉《かのととり》の年〔斉明天皇七年〕に、百済《くだら》の佐平《さへい》福信が献《たてまつ》れる唐の俘《とりこ》一百六口《ももあまりむゆたり》、近《あふ》江国《みのくに》の墾田《はりた》に居《を》らしめたりといふ。庚申《かのえさる》の年〔斉明天皇六年〕に、既に福信、唐の俘を献れりと云へり。

7
『日本書紀』天智《てんじ》天皇二年（六六三）八月十七日条

賊将《あたのいくさのきみ》、州柔《つぬ》に至りて其《そ》の王城《こきしのさし》を繞《かく》む。大唐《もろこし》の軍将《いくさのきみ》、戦船《いくさふね》一百七十艘《ももあまりななそふな》を率《ゐ》て、白村江《はくすきのえ》に陣烈《つらな》れり。

8 『日本書紀』同年八月二十八日条

（前略）大唐、便《すなは》ち左右《もとこ》より船を夾《はさ》みて繞《かく》み戦ふ。須臾之際《ときのま》に、官軍《みいくさ》敗続《やぶ》れぬ。水に赴《おもぶ》きて溺《おほ》れ死ぬる者衆《おほ》し。艫舳《へとも》廻旋《めぐら》すことを得ず。朴市田来津《えちのたくつ》、天《あめ》に仰《あふ》ぎて誓《ちか》ひ、歯を切《くひしば》りて嗔《いか》り、数十人《とをあまりのひと》を殺しつ。焉《ここ》に戦《たたかひ》死せぬ。是《こ》の時に、百済《くだら》の王豊璋《こきしほうしやう》、数人《あまたひと》と船に乗りて、高麗《こま》に逃げ去りぬ。

9 『日本書紀』同年九月七日条

百済の州柔城《つぬさし》、始めて唐《もろこし》に降《したが》ひぬ。是の時に、国人《くにひと》相謂《あひかた》りて曰《い》はく、「州柔降《したが》ひぬ。事《こと》奈何《いかに》といふこと无《な》し。百済の名、今日《このひ》に絶えぬ。」

10 『日本書紀』同年九月二十四日条

日本《やまと》の船師《ふないくさ》、及び佐平余自信《さへいよじしん》・達率木素貴子《だちそちもくそくゐし》・谷那晋首《こくなしんす》・憶礼福留《おくらいふくる》、并《あはせ》て国民《くにのたみども》等、弖礼城《てれさし》に至る。明日《くるつひ》、船発《た》ちて始めて日本に向《むか》ふ。

11 『日本書紀』天智天皇三年（六六四）条

是歳《ことし》、対馬嶋《つしま》・壱岐嶋《いきのしま》・筑紫国等《つくしのくにら》に、防《さきもり》と烽《すすみ》とを置《お》く。又筑紫に、大堤《おほつつみ》を築《つ》きて水を貯《たくは》へしむ。名《なづ》けて水城《みづき》と曰《い》ふ。

12 『日本書紀』天智天皇四年（六六五）二月条

百済国《くだらのくに》の官位《つかさくらゐ》の階級《しな》を勘校《かむが》ふ。仍《なほ》、佐平福信《さへいふくしん》の功《いたはり》を以《も》て、鬼室集斯《くゐしつしふし》に小錦下《せうきむげのくらゐ》を授《さづ》く。

其《そ》の本《もと》の位《くらゐ》は達率《だちそち》なり。復《また》、百済の百姓《たみ》男女《をのこめのこ》四百余人《よほたりあまり》を以て、近江国の神前郡《かむさきのこほり》に居《お》く。

13 『日本書紀』同年三月条

神前郡の百済人《くだらびと》に田《た》を給《たま》ふ。

14 『日本書紀』同年八月条

達率答炑春初《だちそちたふほんしゆんそ》を遣《まだ》して、城《き》を長門国《ながとのくに》に築《つ》かしむ。達率憶礼福留《おくらいふくる》・達率四比福夫《しひふくぶ》を遣して、大野《おほの》及び椽《き》、二城《ふたつのき》を築かしむ。

15 『日本書紀』同年九月二十三日条

唐国《もろこし》、朝散大夫《てうさんだいぶ》沂州司馬上柱国《きしうのしばしやうちうこく》劉徳高《りうとくかう》等《ら》を遣《まだ》す。

16 『日本書紀』同年条

是歳《ことし》、小錦守君大石《せうきむもりのきみおほいは》等《ら》を大唐《もろこし》に遣《つかは》すと、云云《しかしかいふ》。

17 『日本書紀』天智天皇五年（六六六）冬条

是の冬に、京都《みやこ》の鼠《ねずみ》、近江《あふみのくに》に向《む》きて移《うつ》る。

18 『扶桑略記』天智天皇六年（六六七）正月条

都を近江国大津宮に遷す。本は大和国岡本宮に在り。

19 『扶桑略記』同年二月三日条

天皇、大津宮に寝《い》ぬ。夜半、夢に法師を見る。来りて云《い》はく、乾《いぬい》の山に一つの霊窟《れいくつ》有り。宜《よろ》しく早く出《い》で見るべし。天皇驚寤《きやうご》(悟)し、出でて彼方《かなた》の山を見る。火光細く昇ること十余丈なるべし。火焔広く照し、甚だ稀有《けう》なり。即《すなは》ち大伴連《おほとものむらじ》桜井《さくらい》等《ら》を召《め》して、見せしむ。皆、奇異の相と奏す。明《あ》くる日、其《そ》の地を尋ね求めむとして、天皇行幸《みゆき》す。願満法師等《ら》を相具《あいぐ》す。彼《か》の火の光る処《ところ》に、小さき山寺《さんじ》有り。一優婆塞《うばそく》、経行念誦《ねんじゅ》す。之《これ》を召し、地山の名を借問《しやもん》す。答へて曰《い》はく、古仙の霊窟、伏蔵の地なり。佐々名実《さざなみ》の長等山《ながらやま》といふ。時に優婆塞、自然之《これ》を失ひ、在る所を知らず。但し其《そ》の地躰骨、林樹森々として、谷深く巌峻《いはほけは》し。流水清涼にして、寂寞《せきばく》閑空たり。勝地《しょうち》と称すべし

20 『日本書紀』同年三月十九日条

都《みやこ》を近江《あふみ》に遷《うつ》す。是《こ》の時に、天下《あめのした》の百姓《おほみたから》、都遷すことを願《ねが》はずして、諷《そ》へ諫《あざむ》く者多し。童謡《わざうた》亦《また》衆《おほ》し。日日夜夜《ひるよる》、失火《みづながれ》の処《ところ》多し。

21 『日本書紀』同年八月条

皇太子《ひつぎのみこ》〔中大兄皇子〕、倭《やまと》の京《みやこ》に幸《いでま》す。

22 『日本書紀』同年十一月条

倭国《やまとのくに》の高安城《たかやすのき》・讃吉国《さぬきのくに》の山田郡《やまだのこほり》の屋嶋城《やしまのき》・対馬国《つしまのくに》の金田城《かなたのき》を築《つ》く。

23 『日本書紀』天智天皇七年（六六八）正月三日条

皇太子即天皇位《あまつひつぎしろしめ》す〔天智天皇〕。

24 『日本書紀』同年正月七日条

群臣《まへつきみたち》に内裏《おほうち》に宴《とよのあかり》したまふ。

25

『扶桑略記』同年正月十七日条

近江国志賀郡に於《おい》て、崇福寺《すうふくじ》を建つ、始め地を平らげしむに、奇異の宝鐸一口《ほうたくいっこう》を掘り出す。高さ五尺五寸。又、奇好の白石を掘り出す。長さ五寸。夜に光明を放つ。天皇、左手の無名《むめい》指《し》を殺《しい》して、燈爐《とうろ》下の唐《から》石臼の内に納む。二恩に奉《ほう》ぜんが為《ため》なり。掌中《しやうちゆう》に燈《ともしび》を捧《ささ》げ、恒《つね》に弥勒《みろく》仏及び十方仏に供《そな》ふ。尓《それ》より以還《このかた》、霊験《れいげん》在《あ》るが如《ごと》し。天下之人、帰依《きえ》せざる無し。同寺縁起に云《い》はく、金堂一基、五間檜皮葺《ひはだぶき》、弥勒丈六一躯《ぢやうろくいつく》并《なら》びに脇侍《けふじ》二菩薩《ぼさつ》像を造り坐し奉る。講堂一基、五間檜皮葺、薬師仏一躯并びに脇侍二井（菩薩）像を造り坐し奉る。小金堂一基、三間檜皮葺、阿弥陀仏一躯并びに脇侍二菩薩像を造り坐し奉る。三重宝塔一基、檜皮葺、四方仏・脇侍二菩薩像を造り坐し奉る。燈爐一基、唐石臼上に構《かま》へ居《お》く。鐘一口、高六尺。十三間僧房一宇、七間僧房一宇。印蔵一宇。炊屋《かしぎや》一宇、五間檜皮葺。湯屋一宇、三間檜皮葺。竈《かまど》屋一宇、三間板葺。浄屋一宇、五間檜皮葺。

26

『日本書紀』同年二月二十三日条

古人大兄皇子《ふるひとおほえのみこ》の女倭姫王《みむすめやまとのひめおほきみ》を立てて、皇后《きさき》とす。（中略）又伊賀采女宅子娘《うねめやかこのいらつめ》有り。伊賀皇子《いがのみこ》を生めり。後《のち》の字《みな》を大友皇子《おほとものみこ》と曰《まう》す。

27

『日本書紀』同年五月五日条

天皇《すめらみこと》〔天智天皇〕、蒲生野《かまふの》に縦猟《かり》したまふ。時に、大皇弟《ひつぎのみこ》〔大海人皇子〕・諸王《おほきみたち》・内臣《うちつまへつきみ》及び群臣《まへつきみたち》、皆《みな》悉《ことごとく》に従《おほみとも》なり。

28
『日本書紀』同年七月条
高麗《こま》、越《こし》の路《みち》より、使《つかひ》を遣《まだ》して調進《みつきたてまつ》る。時《とき》に、近江国《あふみのくに》、武《つはもの》を講《なら》ふ。又多《またさは》に牧《うまき》を置きて馬を放つ。（中略）又浜台《はまのうてな》の下《もと》に、諸《もろもろ》の魚《いを》、水を覆《おほ》ひて至る。

29
『日本書紀』同年九月十二日条
新羅《しらぎ》、沙喙級湌金東厳《さとくきふさんこむとうごむ》等《ら》を遣《まだ》して、調進《みつきたてまつ》る。

30
『日本書紀』同年十月条
大唐《もろこし》の大将軍英公《おほきいくさのきみえいこう》、高麗《こま》を打ち滅《ほろぼ》す。

31
『日本書紀』天智天皇八年（六六九）五月五日条
天皇《すめらみこと》、山科野《やましなのの》に縦猟《かり》したまふ。大皇弟《ひつぎのみこ》・藤原内大臣《ふぢはらのうちつまへつきみ》〔中臣鎌足〕及び群臣《まへつきみたち》、皆悉《みなことごとく》に従《みとも》につかへまつる。

32
『日本書紀』同年八月三日条
天皇、高安嶺《たかやすのたけ》に登りまして、議《はか》りて城《き》を修《をさ》めむとす。

33
『日本書紀』同年十月十日条
天皇、藤原内大臣の家に幸《いでま》して、親《みづか》ら所患《やまひ》を問ひたまふ。

34
『日本書紀』同年十月十五日条
天皇、東宮大皇弟《ひつぎのみこ》〔大海人皇子〕を藤原内大臣の家に遣《つかは》して、大織冠《だいしきのかうぶり》と大臣《おほおみ》の位《くらゐ》とを授《さづ》く。仍《よ》りて姓《うぢ》を賜《たま》ひて、藤原氏《ふぢはらのうぢ》とす。

35 『日本書紀』同年十月十六日条

藤原内大臣薨《みう》せぬ。

36 『日本書紀』同年十二月条（『日本書紀』）

大蔵《おほくら》に災《ひつ》けり。

37 『日本書紀』同年冬条

是《こ》の冬に、高安城《たかやすのき》を修《つく》りて、畿内《うちつくに》の田税《たちから》を収《をさ》む。

38 『日本書紀』同年条

是歳《ことし》、小錦中《せうきむちう》河内直《かふちのあたひ》鯨《くぢら》等《ら》を遣して、大唐《もろこし》に使《つかひ》せしむ。又佐平余自信《さへいよじしん》・佐平鬼室集斯《くゐしつしふし》等《ら》、男《をのこ》女七百余人《めのこななももたりあまり》を以《も》て、近江国《あふみのくに》の蒲生郡《かまふのこほり》に遷《うつ》し居《お》く。又大唐《もろこし》、郭務《くわくむ》悰《そう》等《ら》二千余人《ふたちたりあまり》を遣《まだ》せり。

39 『日本書紀』天智天皇九年（六七〇）正月七日条

士大夫《まへつきみたち》等に詔《みことのり》して、大きに宮門《みやうち》内に射《ゆみい》る。

40 『日本書紀』同年正月十四日条

朝庭《みかど》の礼儀《ゐやまひ》と、行路《みちゆきびと》の相避《あひさ》ることとを宣《のたま》ふ。復《また》、誣妄《たはこと》・妖偽《およづれこと》を禁《いさ》ひ断《や》む。

41 『日本書紀』同年二月条

戸籍《へふみた》を造る。盗賊《ぬすびと》と浮浪《うかれびと》とを断《や》む。時に、天皇、蒲生郡《かまふのこほり》の匱迮野《ひさのの》に幸《いでま》して、宮地《みやどころ》を観《みそな》はす。又、高安城《たかやすのき》を修《つく》りて、穀《もみ》と塩《しほ》とを積む。又、長門城《ながとのき》一つ・筑紫城《つくしのき》二つを築《つ》く。

42 『日本書紀』同年三月九日条
山御井《やまのみゐ》の傍《ほとり》に、諸神《かみたち》の座《みまし》を敷《し》きて、幣帛《みてぐら》を班《あか》つ。中臣金連《なかとみのかねのむらじ》、祝詞《のりと》を宣《の》る。

43 『日本書紀』同年九月一日条
阿曇連頬垂《あづみのむらじつらたり》を新羅《しらぎ》に遣《つかは》す。

44 『日本書紀』天智天皇十年（六七一）正月五日条
是《こ》の日に、大友皇子《おほとものみこ》を以《も》て、太政大臣《おほきまつりごとのおほまへつきみ》に拝《め》す。蘇我赤兄臣《そがのあかえのおみ》を以て、左大臣《ひだりのおほまへつきみ》とす。中臣金連《なかとみのかねのむらじ》を以て、右大臣《みぎのおほまへつきみ》とす。蘇我果安臣《そがのはたやすのおみ》・巨勢人臣《こせのひとのおみ》・紀大人臣《きのうしのおみ》を以て、御史《ぎよし》大《たい》夫《ふ》とす。

45 『日本書紀』同年正月六日条
東宮太皇弟《ひつぎのみこ》奉宣《みことのり》して、冠位《かうぶりくらゐ》・法度《のり》の事を施行《のたまひおこな》ひたまふ。天下《あめのした》に大赦《おほきにつみゆる》す。

46 『日本書紀』同年正月条
是《こ》の月に、大錦下《だいきむげ》を以《も》て、佐平余自信・沙宅紹明《さたくぜうみやう》法官大輔《のりのつかさのおほきすけ》ぞ。に授く。小錦下《せうきむげ》を以て、鬼室集斯学職頭《ふみのつかさのかみ》ぞ。に授く。大山下《だいせんげ》を以て、達率谷那晋首《だちそちこくなしんしゆ》兵法《つはもの》に閑《なら》へり。木素貴子《もくすくゐし》兵法に閑へり。憶来福留《おくらいふくる》兵法に閑へり。答㶱春初兵法に閑へり。㶱日比子賛波羅金羅金須《ほんにちひしさんはらこむらこむす》薬《くすり》を解《し》れり。鬼室集信《くゐしつしふしん》薬を解れり。に授く。小山上《せうせんじやう》を以て、達率徳頂上《とくちやうじやう》薬を解れり。吉大尚《きちだいじやう》薬を解れり。許率母《こそちも》五経《ごきやう》に明《あきらか》なり。角福牟《ろくふくむ》陰陽《おむやう》に閑《なら》へり。に授く。小山下《せうせんげ》を以て、余《あたし》の達率等《だちそちども》、五十余人《いそあまりのひと》に授く。

47 『日本書紀』同年四月二十五日条

漏剋《ろこく》を新《あたら》しき台《うてな》に置く。始めて候時《とき》を打つ。鐘鼓《かねづつみ》を動《とどろか》す。始めて漏剋を用《もち》ゐる。此《こ》の漏剋は、天皇《すめらみこと》の、皇太子《ひつぎのみこ》に為《まし》ます時に、始めて親《みづか》ら製造《つく》れる所《ところ》なりと、云云《しかしかいふ》。

48 『日本書紀』同年五月五日条

天皇、西《にし》の小殿《こあんどの》に御《おはしま》す。皇太子〔大海人皇子〕・群臣《まへつきみたち》、宴《うたげ》に侍《はべ》り。是《ここ》に、田儛《たまひ》再《ふたた》び奏《つかへまつ》る。

49 『日本書紀』同年九月条

天皇寝疾不豫《みやまひ》したまふ。

50 『日本書紀』同年十月八日条

内裏《おほうち》にして、百仏《もものほとけ》の眼《みめ》を開《あ》けたてまつる。

51 『日本書紀』同年十月十七日条（天智天皇紀）

天皇〔天智天皇〕、疾病《みやまひ》弥留《おも》し。勅《みことのり》して東宮《まうけのきみ》〔大海人皇子〕を喚《め》して、臥内《おほとの》に引入《めしい》れて、詔《みことのり》して曰《のたま》はく、「朕《われ》、病甚《やまひはなはだ》し。後事《のちのこと》を以《も》て汝《いまし》に属《つ》く」と、云云《しかしかのたまふ》。是《ここ》に、再拝《をが》みたてまつりたまひて、疾《やまひ》を称《まう》して固辞《いな》びまうして、受けずして曰《まう》したまはく、「請《こ》ふ、洪業《ひつぎ》を奉《あ》げて、大后《おほきさき》〔倭姫王〕に付属《さづ》けまつらむ。大友王《おほとものおおきみ》をして、諸政《もろもろのまつりごと》を奉宣《のたま》はしめむ。臣《やつかれ》は請願《こ》ふ、天皇の奉為《おほみため》に、出家《いへで》して修道《おこなひ》せむ」とまうしたまふ。天皇許《ゆる》す。東宮《まうけのきみ》起《た》ちて再拝《をがみ》す。便《すなは》ち内裏《おほうち》の仏殿《ほとけのみあらか》の南に向《い》でまして、胡床《あぐら》に踞坐《しりうた》げて、鬚髪《ひげかみ》を剃除《そ》りたまひて、沙門《ほふし》と為《な》りたまふ。

52
『日本書紀』同日条（天武《てんむ》天皇即位前紀）

天皇（天智天皇）、臥病《みやまひ》したまひて、痛《いた》みたまふこと甚《はなはだ》し。是《ここ》に、蘇賀臣安麻侶《そがのおみやすまろ》を遣《つかは》して、東宮《まうけのきみ》（大海人皇子）を召《め》して、大殿《おほとの》に引き入る。時に安摩侶《やすまろ》は、素《もと》より東宮の好《よみ》したまふ所《ところ》なり。密《ひそか》に東宮を顧《かへり》みたてまつりて曰《まう》さく、「有意《こころしら》ひて言《のたま》へ」とまうす。東宮、茲《ここ》に、隠《かく》せる謀《はかりこと》有らむことを疑ひて慎《つつし》みたまふ。天皇、東宮に勅《みことのり》して鴻業《あまつひつぎのこと》を授《さづ》く。乃《すなは》ち辞譲《いな》びて曰《まうしたま》はく、「臣《やつかれ》が不幸《さいはひな》き、元《もと》より多《さは》の病《やまひ》有り。何《いかに》ぞ能《よ》く社稷《くにいへ》を保《たも》む。願《ねが》はくは、陛下《きみ》、天下《あめのした》を挙《あ》げて皇后《きさき》（倭姫王）に附《よ》せたまへ。仍《なほ》、大友皇子《おほとものみこ》を立てて、儲君《まうけのきみ》としたまへ。臣《やつかれ》は、今日《けふ》出家《いへで》して、陛下《きみ》の為《みため》に、功徳《のりのこと》を修《おこな》はむ」とまうしたまふ。天皇、聴《ゆる》したまふ。即日《そのひ》に、出家して法服《のりのころも》をきたまふ。因《よ》りて以《も》て、私《わたくし》の兵器《つはもの》を収《と》りて、悉《ことごとく》に司《おほやけ》に納《をさ》めたまふ。

53
『日本書紀』同年十月十九日条（天智天皇紀）

東宮《まうけのきみ》、天皇に見《まみ》えて、吉野《よしの》に之《まか》りて、修行仏道《おこなひ》せむと請《まう》したまふ。天皇許す。東宮即《すなは》ち吉野に入《い》りたまふ。大臣等《おほまへつきみたち》侍《つか》へ送る。菟道《うぢ》に至りて還《かへ》る。

54
『日本書紀』同日条（天武天皇即位前紀）

吉野宮《よしのみや》に入《い》りたまふ。時に左大臣《ひだりのおほまへつきみ》蘇賀赤兄臣《そがのあかえのおみ》・右大臣《みぎのおほまへつきみ》中臣金連《なかとみのかねむらじ》、及び大納言《おほきものまうすつかさ》蘇賀果安臣《そがのはたやすのおみ》等送りたてまつる。菟道《うぢ》より返《かへ》る。或《あるひと》の曰《い》はく、「虎《とら》に翼《つばさ》を着《つ》けて放《はな》てり」といふ。

55 『日本書紀』同年十一月二十三日条

大友皇子《おほとものみこ》、内裏《おほうち》の西殿《にしのとの》の織《おりもの》の仏像《ほとけのみかた》の前《まへ》に在《ま》します。左大臣《ひだりのおほまへつきみ》蘇我赤兄臣《そがのあかえのおみ》・右大臣《みぎのおほまへつきみ》中臣金連《なかとみのかねのむらじ》・蘇我果安臣《そがのはたやすのおみ》・巨勢人臣《こせのひとのおみ》・紀大人臣《きのうしのおみ》侍《はべ》り。大友皇子、手に香鑪《かうろ》を執《と》りて、先《ま》づ起《た》ちて誓盟《ちか》ひて曰《のたま》はく、「六人《むゆたり》心を同じくして、天皇の詔《みことのり》を奉《うけたまは》る。若《も》し違《たが》ふこと有らば、必ず天罰《あまつつみ》を被《かうぶ》らむ」と、云云《しかしかのたまふ》。是《ここ》に、左大臣蘇我赤兄等、手に香鑪を執りて、次《ついで》の随《まま》に起《た》つ。泣《な》血きて誓盟《ちか》ひて曰《まう》さく、「臣等《おのれら》五人《いつたり》、殿下《きみ》に随《したが》ひて、天皇の詔を奉《うけたまは》る。若し違《たが》ふこと有らば、四天王《してんわう》打《う》たむ。天神《あまつかみ》地祇《くにつかみ》、亦《また》誅罰《つみ》せむ。三十三天《さむじふさむてん》、此《こ》の事を證《あきら》め知《しろ》しめせ。子孫《うみのこ》当《まさ》に絶《た》え、家門《いへ》必ず亡《ほろ》びむか。」と、云云《しかしかまうす》。

56 『日本書紀』同年十一月二十四日条

近江宮《あふみのみや》に災《ひつ》けり。大蔵省《おほくらのつかさ》の第三倉《みつにあたるくら》より出《い》でたり。

57 『日本書紀』同年十一月二十九日条

五《いつたり》の臣《まへつきみ》、大友皇子を奉《ゐまつ》りて、天皇の前《みまへ》に盟《ちか》ふ。

58 『日本書紀』同年十二月三日条

天皇《すめらみこと》〔天智天皇〕、近江宮《あふみのみや》に崩《かむあが》りましぬ。

59 『日本書紀』同年十二月十一日条

新宮《にひみや》に殯《もがり》す。

60 『日本書紀』同年条
是歳《ことし》、（中略）大炊《おほひのつかさ》に八《や》つの鼎《かなへ》有りて鳴《な》る。

61 『日本書紀』天武天皇元年（六七二）五月条
是《こ》の月《つき》に、（中略）或《ある》いは人有りて奏《まう》して曰《まう》さく、「近江京《あふみのみやこ》より、倭京《やまとのみやこ》に至るまでに、処処《ところどころ》に候《うかみ》を置けり。亦菟道《またうぢ》の守橋者《はしもり》に命《おほ》せて、皇大弟《まうけのきみ》〔大海人皇子〕の宮《みや》の舎人《とねり》の、私粮《わたくしのくらひもの》運ぶ事を遮《た》へしむ」とまうす。

62 『日本書紀』同年六月二十二日条
村国連男依《むらくにのむらじをより》・和珥部臣君手《わにべのおみきみて》・身毛君広《むげつきみひろ》に詔《みことのり》して曰《のたま》はく、「今聞く、近江朝庭《あふみのみかど》の臣等《やつこら》、朕《わ》が為に害《そこな》はむことを謀《はか》る。是《こ》を以《も》て、汝等三人《いましたちみたり》、急《すみやか》に美濃国《みののくに》に往《まか》りて、安八磨郡《あはちまのこほり》の湯沐令《ゆのうながし》多臣品治《おほのおみほむぢ》に告げて、機要《はかりことのぬみ》を宣《のたま》ひ示して、先《ま》づ当郡《そのこほり》の兵《いくさ》を発《おこ》せ。仍《なほ》、国司等《くにのみこともちたち》に経《ふ》れて、諸軍《もろもろのいくさ》を差し発《おこ》して、急《すみやか》に不破道《ふはのみち》を塞《ふせ》け。朕《われ》、今発路《いでた》たむ」とのたまふ。

63 『日本書紀』同年六月二十四日条
〔大海人皇子〕東《あづま》に入《い》らむとす。（中略）即《すなは》ち大分君恵尺《おほきだのきみゑさか》・黄書造大伴《きふみのみやつこおほとも》・逢臣志摩《あふのおみしま》を〔倭京の〕留守司《とどまりまもるつかさ》高坂王《たかさかのおほきみ》のもとに遣《つかは》して、駅鈴《うまやのすず》を乞《こ》はしめたまふ。

64 『日本書紀』同年六月二十五日条
（前略）三重郡家《みへのこほりのみやけ》に到りて、屋一間《いへひとつ》を焚《や》きて、寒《こ》いたる者を熅《あたた》めしむ。是《こ》の夜半《よなか》に、鈴鹿関司《すずかのせきのつかさ》、使《つかひ》を遣《まだ》して奏《まう》して言《まう》さく、「山部王《やまべのおほきみ》・石川王《いしかはのおほきみ》、並《ならび》に来帰《まうよ》れり。故《かれ》、関《せき》に置《はべ》らしむ」とまうす。

65 『日本書紀』同年六月二十六日条

（前略）高市皇子《たけちのみこ》を不破《ふは》に遣《つかは》して、軍事《いくさのこと》を監《み》しむ。

66 『日本書紀』同年七月二十二日条

〔村国連〕《むらくにのむらじ》男依《をより》等瀬田《せた》に到る。時に大友皇子《おほともものみこ》及び群臣《まへつきみたち》等、共《とも》に橋の西に営《いほ》りて、大きに陣《つら》を成《な》せり。其《そ》の後見《しり》えず。旗幟《はた》野《の》を蔽《かく》し、埃塵《ちり》天《あめ》に連《つら》なる。鉦鼓《かねつづみ》の声《おと》、数十里《あまたさと》に聞《きこ》ゆ。列弩《つらなれるゆみ》乱《みだ》れ発《はな》ちて、矢の下《くだ》ること雨の如《ごと》し。其《そ》の将《いくさのきみ》智尊《ちそん》、精兵《ときいくさ》を率《ゐ》て、先鋒《さき》として距《ふせ》く。仍《よ》りて橋の中を切り断《た》つこと、三丈《みつゑ》須容《ばかり》にして、一つの長板《ながいた》を置く。設《たと》ひ板を蹋《ふ》みて度《わた》る者有らば、乃《すなは》ち板を引きて堕《おと》さむとす。是《ここ》を以《も》て、進み襲《おそ》ふこと得ず。是《ここ》に、勇敢《たけ》き士《ひと》有り。大分君稚臣《おほきだのきみわかみ》と曰《い》ふ。長矛《ほこ》を棄《す》てて、甲《よろひ》を重ね擐《き》て、刀《かたな》を抜きて急ぎて板を蹈《ふ》みて度《わた》る。便《すなは》ち板に着《つ》けたる綱《つな》を断《き》りて、被矢《いえ》つつ陣《つら》に入《い》る。衆悉《いくさことごと》く乱れて散《あら》け走《に》ぐ。禁《とど》むべからず。時に将軍《いくさのきみ》智尊、刀を抜きて退《に》ぐる者を斬《き》る。而《しか》れども止《や》むること能《あた》はず。因《よ》りて、智尊を橋の辺《ほとり》に斬る。大友皇子・左右大臣《ひだりみぎのおほまへつきみ》等《たち》、僅《わづか》に身免《みのが》れて逃げぬ。男依等、即《すなは》ち粟津岡《あはづのをか》の下《もと》に軍《いくさだち》す。是《こ》の日に、羽田公矢国《はたのきみやくに》・出雲臣狛《いづものおみこま》、合《あ》ひて共に三尾城《みをのき》を攻めて降《くだ》しつ。

67 『日本書紀』同年七月二十三日条

男依等、近江《あふみ》の将《いくさのきみ》犬養連《いぬかひのむらじ》五十君《いきみ》及び谷直塩手《たにのあたひしほて》を粟津市《あはづのいち》に斬る。是《ここ》に、大友皇子、走《に》げて入《い》らむ所無《ところな》し。乃《すなは》ち還《かへ》りて山前《やまさき》に隠《かく》れて、自《みづか》ら縊《くび》れぬ。

68 『日本書紀』同年七月二十六日条

将軍《いくさのきみたち》等、不破宮《ふはのみや》に向《まう》づ。因《よ》りて大友皇子の頭《かしら》を捧《ささ》げて、営《いほり》の前に献《たてまつ》りぬ。

69 『日本書紀』同年八月二十五日条

（前略）右大臣《みぎのおほまへつきみ》中臣連金《なかとみのむらじかね》を浅井《あさゐ》の田根《たね》に斬る。是《こ》の日に、左大臣《ひだりのおほまへつきみ》蘇我臣《そがのおみ》赤兄《あかえ》・大納言《おほきものまうすつかさ》巨勢臣比等《こせのおみひと》、及び子孫《うみのこ》、并《あはせ》て中臣連金が子、蘇我臣果安《はたやす》が子、悉《ことごとく》に配流《なが》す。以余《これよりほか》は悉に赦《ゆる》す。

70 『日本書紀』同年九月十二日条

〔天武天皇〕倭京《やまとのみやこ》に詣《いた》りて、嶋宮《しまのみや》に御《おはしま》す。

71 『日本書紀』同年九月十五日条

嶋宮より岡本宮《おかもとのみや》に移りたまふ。

72 『日本書紀』同年条

是歳《ことし》、宮室《おほみや》を岡本宮の南に営《つく》る。即冬《そのふゆ》に、遷《うつ》りて居《おは》します。是《これ》を飛鳥浄御原宮《あすかきよみはらのみや》と謂《い》ふ。

73 『日本書紀』天武天皇十三年（六八四）二月二十八日条

浄広肆《じやうくわうし》広瀬王《ひろせのおほきみ》・小錦中《せうきむちう》大伴連安麻呂《おほとものむらじやすまろ》、及び判官《まつりごとひと》・録事《ふびと》・陰陽師《おむやうじ》・工匠《たくみども》等を畿内《うちつくに》に遣して、都《みやこ》つくるべき地《ところ》を視《み》占しめたまふ。是《こ》の日に、三野王《みののおほきみ》・小錦下《せうきむげ》采女臣筑羅《うねめのおみつくら》等を信濃《しなの》に遣して、地形《ところのありかた》を看《み》しめたまふ。是の地に都つくらむとするか。

74
『日本書紀』持統《じとう》天皇六年（六九二）閏五月十五日条

筑紫大宰率河内王《つくしのおほみこともちのかみかふちのおほきみ》等《ら》に詔《みことのり》して曰《のたま》はく、「沙門《ほふし》を大隅《おほすみ》と阿多《あた》とに遣して、仏教《ほとけのみのり》を伝《つた》ふべし。復《また》、大唐《もろこし》の大使郭務悰《おほつかひくわくむそう》が、御近江大津宮天皇《あふみのおほつのみやにあめのしたしらしめししすめらみこと》〔天智天皇〕の為《ため》に造《つく》れる阿弥陀像《あみだのみかた》上送《たてまつ》れ」とのたまふ。

75
『懐風藻《かいふうそう》』序

（前略）淡海先帝《あふみのせんてい》の命《めい》を受けたまふに及至《およ》びて、帝業《ていげふ》を恢開《くわいかい》し、皇猷《くわういう》を弘闡《こうせん》したまふ。道は乾坤《けんこん》に格《いた》り、功《いさをし》は宇宙《うちう》に光《て》れり。既《すで》にして以為《おも》ほしけらく、風《ふり》を調《ととの》へ俗《よ》を化《すす》むることは、文《ぶん》よりも尚《たふと》きことは莫《な》く、徳《とく》を潤《ぬ》らし身を光《て》らすことは、孰《いづれ》か学《がく》より先ならむと。爰《ここ》に則《すなは》ち庠序《しやうじよ》を建《た》て、茂才《もさい》を徴《め》し、五礼《ごらい》を定め、百度《ひやくど》を興《おこ》したまふ。憲章法則《けんしやうはふそく》、規模弘遠《きぼこうゑん》、夐《けい》古《こ》より以来《このかた》、未《いま》だ有らず。是《ここ》に三階平煥《さんかいへいくわん》、四海殷昌《しかいいんしやう》、旒纊無為《りうくわうむゐ》、巌廊暇《がんらういとま》多し。旋文学《しばしばぶんがく》の士《をのこ》を招《を》き、時《よりより》置醴《ちれい》の遊《あそび》を開きたまふ。此《こ》の際《きは》に当《あた》りて、宸翰《しんかん》文を垂《た》らし、賢臣《けんしん》頌《しよう》を献《たてまつ》る。雕章麗筆《てうしやうれいひつ》、唯《ただ》に百篇《ひやくへん》のみに非《あら》ず。但《ただ》し、時《とき》に乱離《らんり》を経《へ》、悉《ことごと》煨燼《わいじん》に従《したが》ふ。言《ここ》に湮滅《いんめつ》を念《おも》ひ、軫悼《しんたう》して懐《こころ》を傷《いた》ましむ。（中略）時に天平勝宝《てんぴやうしようほう》三年歳《ほし》辛卯《しんばう》に在《やど》る冬十一月なり。

76
『懐風藻』淡海朝大友皇子　二首

皇太子《くわうたいし》は、淡海帝《あふみのみかど》の長子《ちやうし》なり。魁岸奇偉《くわいがんきゐ》、風範弘深《ふうはんこうしん》、眼中精耀《がんちゆうせいえう》、顧眄煒燁《こべんゐえふ》。唐使劉徳高《たうしりうとくかう》、見て異《あや》しび曰《い》はく、「此《こ》の皇子《みこ》、風骨世間《ふうこつせけん》の人に似《に》ず、実《まこと》に此の国の分《ぶん》に非《あら》ず」といふ。嘗《かつ》て夜夢《いめ》みつ。天中洞啓《てんちゆうとうけい》し、朱衣《しゆい》の老翁《おきな》、日を捧《ささ》げて至《きた》り、擎《かか》げて皇子に授《さづ》く。忽《たちま》ちに人有り。腋底《えきてい》従《よ》り出《い》で来《き》、便《すなは》ち奪《うば》ひ将《も》ち去《い》にきと。覚《さ》めて驚き異《あや》しび、具《つぶさ》に藤原内大臣《ふぢはらのないだいじん》に語らす。歎きて曰はく、恐るらくは聖朝萬歳《せいてうばんざい》の後に、巨猾《きよくわつ》の間釁《かんきん》有らむ。然《しか》すがに臣平生《しんへいぜい》曰ひけらく、豈《あ》に如此《かか》る事有らめやといへり。臣聞く、天道親《てんだうしん》無し。惟善《ただぜん》をのみ是《こ》れ輔《たす》くと。願はくは大王《きみ》勤めて徳を修めたまへ。災異《さいい》憂ふるに足《た》らず。臣に息女《そくぢよ》有り。願はくは後庭《こうてい》に納《い》れて、箕帚《きさう》の妾《をみな》に充《あ》てたまへといふ。遂に姻戚《いんせき》を結びて、親愛《うるはし》みす。年甫《としはじ》めて弱冠《じやくわん》、太政大臣《だいじやうだいじん》に拝《め》され、百揆《ひやくき》を聴《す》べて試《こころ》みる。皇子博学多通《はくがくたつう》、文武の材幹《さいかん》有り。始めて萬機《ばんき》を親《しら》しめすに、群下畏服《ぐんかゐふく》し、粛然《しゆくぜん》にあらずといふこと莫《な》し。年二十三、立ちて皇太子と為《な》る。広く学士沙宅紹明《さたくせうめい》・塔本春初《たふほしゆんしよ》・吉太尚《きつたいしやう》・許率母《きよそつも》・木素貴子《もくそきし》等を延《を》きて、賓客《ひんかく》と為《な》す。太子天性明悟《てんせいめいご》、雅《もと》より博古《はくこ》を愛《この》ます。筆《ふみて》を下《おろ》せば章《しやう》と成り、言《こと》に出《いだ》せば論と為《な》る。時に議する者《ひと》其《そ》の洪学《こうがく》を歎《なげ》かふ。未《いま》だ幾《いく》ばくもあらぬに文藻《ぶんさう》日に新《あらた》し。壬申《じんしん》の年の乱《らん》に会ひて、天命遂《と》げず。時に二十五。

77

『万葉集』巻第一

近江《あふみ》の荒都《くわうと》を過《よき》りし時に、柿本朝臣人麻呂《かきのもとのあそみひとまろ》の作りし歌

玉だすき　畝傍《うねび》の山の　橿原《かしはら》の　ひじりの御代《みよ》ゆ　生《あ》れましし　神のことごと　つがの木の
いやつぎつぎに　天《あめ》の下知らしめししを　天《そら》にみつ　大和《やまと》を置きて　あをによし　奈良山を
越え　いかさまに　思ほしめせか　あまざかる　鄙《ひな》にはあれど　いはばしる　近江《あふみ》の国の
楽浪《ささなみ》の　大津《おほつ》の宮に　天《あめ》の下　知らしめしけむ　天皇《すめろき》の　神の命《みこと》の　大宮は　ここと聞けど

も　大殿は　ここと言へども　春草の　繁く生《お》ひたる　霞《かすみ》立《た》ち　春日《はるひ》の霧《き》れる　ももしきの
大宮所《おほみやところ》　見れば悲しも【二九】

反　歌

楽浪《ささなみ》の志賀《しが》の唐崎《からさき》幸《さき》くあれど大宮人《おほみやひと》の船待ちかねつ【三〇】

楽浪の志賀の大わだ淀《よど》むとも昔の人にまたも逢《あ》はめやも【三一】

③禾津頓宮

78 『続日本紀』天平十二年（七四〇）十月二十六日条

大将軍大野朝臣東人《あそみあづまひと》らに勅《みことのり》して曰《のたま》はく、「朕意《われおも》ふ所有るに縁《よ》りて、今月《このつき》の末暫《しまら》く関東《せきのひむかし》に往《ゆ》かむ。（下略）」

79 『続日本紀』同年十月二十九日条

伊勢国に行幸《みゆき》したまふ。知太政官事《ちだいじやうくわんじ》兼式部卿《しきぶきやう》正三位鈴鹿王《すずかのおほきみ》、兵部卿《ひやうぶきやう》兼中衛《ちうゑ》大将正四位下藤原朝臣豊成《とよなり》を〔平城宮の〕留守《るしゅ》とす。是《こ》の日、山辺《やまのへ》郡竹谿《つけ》村堀越に到りて頓《とど》まり宿る。

80 『続日本紀』同年十月三十日条

車駕《きょが》、伊賀国名張《なばり》郡に到りたまふ。

81 『続日本紀』同年十一月一日条

伊賀郡安保頓宮《あほのかりみや》に到りて宿る。

82 『続日本紀』同年十一月二日条
伊勢国壱志《いちし》郡河口頓宮《かはくちのかりみや》に到る。これを関宮《せきのみや》と謂《い》ふ。

83 『続日本紀』同年十一月三日条
車駕、関宮に停《とどま》り御《おは》しますこと十箇日。

84 『続日本紀』同年十一月十二日条
河口より発《た》ちて壱志郡に到りて宿る。

85 『続日本紀』同年十一月十四日条
進みて鈴鹿郡赤坂頓宮《あかさかのかりみや》に至る。

86 『続日本紀』同年十一月二十三日条
赤坂より発ちて朝明《あさけ》郡に到る。

87 『続日本紀』同年十一月二十五日条
桑名郡石占《いしうら》に至りて頓《とど》まり宿る。

88 『続日本紀』同年十一月二十六日条
美濃国当伎《たぎ》郡に到る。

89 『続日本紀』同年十二月一日条
不《ふ》破《は》郡不破頓宮《ふはのかりみや》に到る。

90 『続日本紀』同年十二月五日条
美濃《みの》の国郡司《こくぐんし》と百姓《はくせい》の労《つと》め勤《いそし》むこと有る者《ひと》に位一級を賜《たま》ふ。正五位上賀茂《かも》朝臣助《すけ》に従四位下を授《さづ》く。

91 『続日本紀』同年十二月六日条
不破より発《た》ちて〔近江国〕坂田郡横川《よかは》に至りて頓《とど》まり宿る。

92 『続日本紀』同年十二月七日条
横川より発ちて犬上《いぬかみ》に至りて頓まる。

93 『続日本紀』同年十二月九日条
犬上より発ちて蒲生《かまふ》郡に到りて宿る。

94 『続日本紀』同年十二月十日条
蒲生より発ちて野洲《やす》に到りて頓まり宿る。

95 『続日本紀』同年十二月十一日条
野洲より発ちて志賀《しが》郡禾津《あはつ》に到りて頓まる。

96 『続日本紀』同年十二月十三日条
志賀山寺《しがさんじ》に幸《みゆき》して仏を礼《をろが》みたまふ。

97 『続日本紀』同年十二月十四日条
近江の国郡司《こくぐんし》に位一級を賜《たま》ふ。禾津《あはつ》より発ちて山背《やましろ》国相楽《さがらか》郡玉井に到りて頓《とど》まり宿る。

98 『続日本紀』同年十二月十五日条
皇帝《くわうてい》在前《さき》に恭仁宮《くにのみや》に幸《みゆき》したまふ。始めて京都《みやこ》を作る。太上《だいじやう》天皇・皇后、在後《あと》に至りたまふ。

④紫香楽宮

99 『続日本紀』天平十四年（七四二）二月五日条
是《こ》の日、始めて恭仁京《くにのみやこ》の東北道《とうほくのみち》を開き、近江《ちかつあふみ》国甲賀《かふか》郡に通《つう》せしむ。

100 『続日本紀』同年八月十一日条
詔《みことのり》して曰《のたま》はく、「朕《われ》、近江国甲賀郡紫香楽《しがらき》村に行幸《みゆき》せむ」とのたまふ。即《すなは》ち、造宮卿《ざうくうきやう》正四位下智努王《ちののおほきみ》、輔《すけ》外従五位下高岡連河内《たかおかのむらじかふち》ら四人を造離宮司《ざうりくうし》とす。

101 『続日本紀』同年八月二十七日条
紫香楽宮《しがらきのみや》に行幸《みゆき》したまふ。知太政官事《ちだいじやうぐわんじ》正三位鈴鹿王《すずかのおほきみ》、左大弁従《さだいべんじゆ》三位巨勢《こせの》朝臣奈弖麻呂《なでまろ》、右大弁従四位下紀《きの》朝臣飯麻呂《いひまろ》を〔恭仁宮の〕留守《るしゆ》とす。摂津大夫《だいぶ》従四位下大伴宿禰《すくね》牛養《うしかひ》・民部卿従四位下藤原朝臣仲麻呂《なかまろ》を平城《ならの》留守とす。即日《そのひ》、車駕《きよが》、紫香楽宮に至りたまふ。

102 『続日本紀』同年九月一日条
刺松原《さすのまつばら》に幸《みゆき》したまふ。

103 『続日本紀』同年九月四日条
車駕、恭仁京《くにのみやこ》に還《かへ》りたまふ。

104 『続日本紀』同年十二月二十九日条
紫香楽宮《しがらきのみや》に行幸《みゆき》したまふ。知太政官事正三位鈴鹿王、左大弁従三位巨勢朝臣奈弖麻呂《なでまろ》、右大弁従四位下紀朝臣飯麻呂、民部卿従四位下藤原朝臣仲麻呂等四人を〔恭仁・平城両京の〕留《る》守《しゅ》とす。

105 『続日本紀』天平十五年（七四三）正月一日条
右大臣　橘宿禰諸兄《たちばなのすくねもろえ》を遣《つかは》して在前《さき》に恭仁宮《くにのみや》に還《かへ》らしむ。車駕《きよが》、紫香楽より至りたまふ。

106 『続日本紀』同年四月三日条
紫香楽に行幸《みゆき》したまふ。右大臣正二位橘宿禰諸兄、左大弁従三位巨勢朝臣奈弖麻呂、右大弁従四位下紀朝臣飯麻呂を〔恭仁宮の〕留守とす。宮内少輔《くないせうふ》従五位下多治比真人《たぢひのまひと》を遣《つかは》して、平城宮《ならのみや》の留守とす。

107 『続日本紀』同年四月十六日条
車駕、宮〔恭仁宮〕に還《かへ》りたまふ。

108 『続日本紀』同年七月二十六日条
紫香楽宮に行幸《みゆき》したまふ。左大臣橘宿禰諸兄・知太政官事鈴鹿王・中納言《ちうなふごん》巨勢朝臣奈弖麻呂を〔恭仁宮の〕留守とす。

109 『続日本紀』同年八月一日条
鴨川《かもかは》に幸《みゆき》したまふ。名を改めて宮川《みやかは》とす。

110 『続日本紀』同年九月二十一日条

甲賀郡の調《でう》・庸《よう》を畿内に准《なずら》へて収《をさ》む。また当年《そのとし》の田租《でんそ》を免《ゆる》す。

111 『続日本紀』同年十月十五日条

詔《みことのり》して曰《のたま》はく、「朕《われ》薄徳を以《もち》て恭《ゐやゐや》しく大位を承《う》け、志《こころざし》兼済に存して勤めて人物を撫《な》づ。率土《そつと》の浜已《すで》に仁恕《じんしよ》に霑《うるほ》ふと雖《いへど》も、普天の下《もと》法恩洽《あまね》くあらず。誠に三宝の威霊《ゐりやう》に頼《よ》りて乾坤《けんこん》相ひ泰《ゆた》かにし、万代《ばんだい》の福業を脩《をさ》めて動植咸《ことごと》く栄えむとす。粤《ここ》に天平十五年歳《ほし》癸未《みずのとひつじ》に次《やど》る十月十五日を以て菩薩《ぼさち》の大願を発《おこ》して、盧舎那仏《るしやなぶつ》の金銅像一躯《く》を造り奉《まつ》る。国の銅《あかがね》を尽して象《かたち》を鎔《い》、大山《たいさん》を削りて堂を構《かま》へ、広く法界に及《およぼ》して朕《わ》が智識とす。遂に同じく利益《りやく》を蒙《かがふ》りて共に菩提《ぼだい》を致さしめむ。夫《そ》れ、天下《あめのした》の富を有《たも》つは朕《われ》なり。天下の勢《いきほひ》を有つは朕なり。この富と勢とを以てこの尊き像を造らむ。事成り易《やす》く、心至り難《がた》し。但《ただ》恐るらくは、徒《ただ》に人を労《つから》すことのみ有りて能《よ》く聖《しやう》に感《かま》くること無く、或《ある》は誹謗《ひばう》を生《おこ》して反《かへ》りて罪辜《ざいこ》に墜《おと》さむことを。是《こ》の故に智識に預かる者《ひと》は懇《ねもころ》に至れる誠を発《おこ》し、各介《おのおのおほき》なる福《さきはひ》を招きて、日毎《ひごと》に三たび盧舎那仏を拝《をろが》むべし。自ら念《おもひ》を存して各《おのおの》盧舎那仏を造るべし。如《も》し更に人有りて一枝の草一把《いちわ》の土《ひぢ》を持ちて像を助け造らむと情《こころ》に願はば、恣《ほしきまにま》に聴《ゆる》せ。国郡等の司《つかさ》、この事に因《よ》りて百姓《はくせい》を侵《をか》し擾《みだ》し、強《し》ひて収め斂《あつ》めしむること莫《なか》れ。遐邇《かじ》に布《ふ》れ告げて朕《わ》が意《こころ》を知らしめよ」とのたまふ。

112 『続日本紀』同年十月十六日条

東海・東山《とうせん》・北陸《ほくろく》三道廿五国の今年《ことし》の調・庸等の物、皆紫香楽宮《しがらきのみや》に貢《たてまつ》らしむ。

113 『続日本紀』同年十月十九日条

皇帝紫香楽宮に御《おは》しまして、盧舎那《るしやな》の仏像を造り奉《まつ》らむが為に始めて寺の地を開きたまふ。是《ここ》に行基《ぎやうき》法師、弟子等《ども》を率《ひき》ゐて衆庶《もろもろ》を勧《すす》め誘《みちび》く。

114 『続日本紀』同年十一月二日条

天皇《すめらみこと》、恭仁宮《くにのみや》に還《かへ》りたまふ。車駕《きよが》、紫香楽に留連《りうれん》すること凡《おほよ》そ四月なり。

115 『続日本紀』天平十六年（七四四）二月二十四日条

三嶋路《みしまぢ》を取りて紫香楽宮に行幸《みゆき》したまふ。太上《だいじやう》天皇〔元正上皇〕と左大臣橘《たちばなの》宿禰《すくね》諸兄《もろえ》とは留まりて難波宮《なにはのみや》に在り。

116 『続日本紀』同年三月十四日条

金光明寺《こむくわうみやうじ》の大般若経《だいはんにやきやう》を運びて紫香楽宮に致《いた》す。朱雀門《すざくもん》に至る比《ころほひ》、雑《くさぐさ》の楽《がく》迎へ奏《つかへまつ》り、官人《くわんにん》迎へ礼《ゐやま》ふ。引導して宮中《うち》に入れ、安殿《あんでん》に置き奉《たてまつ》る。僧《ほふし》二百を請《しやう》して転読《てんどく》せしむること一日。

117 『続日本紀』同年四月十三日条

紫香楽宮の西北の山に火あり。城下の男女数千余人皆趣きて山を伐《う》つ。然《しか》して後に火滅《き》えぬ。

118 『続日本紀』同年四月二十三日条
始めて紫香楽宮を営むに、百官成らぬを以《もち》て、司別《つかさごと》に公廨《くげ》の銭を給《たま》ふ。惣《すべ》て一千貫。交関《けうくゎん》して息《くぼさ》を取り、永く公用《くよう》に充てその本《もと》を損《そこな》ひ失ふこと得ざらしむ。毎年《としごと》に十一月を限りて細《つぶさ》に本利《ほんり》の用状を録《しる》し、太政官《だいじやうぐわん》に申さしむ。

119 『続日本紀』同年十一月十三日条
甲賀寺《かふかでら》に始めて盧舎那仏《るしやなぶつ》の像の体骨柱《たいこちちう》を建《た》つ。天皇《すめらみこと》、親《みづか》ら臨《のぞ》みて手《てづか》らその縄を引きたまふ。時に種々《くさぐさ》の楽《がく》共に作《おこ》る。四大寺の衆《もろもろ》の僧《ほふし》会《あ》ひ集《つど》ふ。儭施《しんし》各《おのおの》差《しな》有り。

120 『続日本紀』同年十一月十四日条
太上天皇、甲賀宮に幸《みゆき》したまふ。

121 『続日本紀』同年十一月十七日条
太上天皇、難波《なには》より至りたまふ。

122 『続日本紀』天平十七年（七四五）正月一日条
朝《でう》を廃《や》む。乍《たちま》ちに新京《あたらしきみやこ》に遷《うつ》り、山を伐《き》り地《ところ》を開きて、以《もち》て宮室《きうしつ》を造る。垣墻《みかき》未だ成らず。繞《めぐら》すに帷帳《ゐちやう》を以てす。兵部卿《ひやうぶきやう》従四位上大伴宿禰《おほとものすくね》牛養《うしかひ》、衛門督《ゑもんのかみ》従四位下佐伯宿禰常人《さへきのつねひと》をして大きなる楯《たて》・槍《ほこ》を樹《た》てしむ。石上《いそのかみ》・榎井《えのゐ》の二氏は倉卒《にはか》にして追《め》し集《つど》ふるに及ばず。故《かれ》、二人をしてこれを為《な》さしむ。是《こ》の日、五位已上を御在所《おましところ》に宴《うたげ》す。禄賜《ろくたま》ふこと差《しな》有り。

123 『続日本紀』同年正月七日条
天皇《すめらみこと》、大安殿《だいあんでん》に御《おは》しまして、五位已上を宴《うたげ》したまふ。（中略）宴訖《をは》りて禄賜《ろくたま》ふこと差有《しな》り。

百官《ひやくくわん》の主典《さうくわん》已上に朝堂《でうだう》に饗《みあへ》賜ふ。禄《ろく》、亦差《またしな》有り。

124 『続日本紀』同年四月一日条
市《いち》の西の山に火あり。

125 『続日本紀』同年四月三日条
寺の東《ひむかし》の山に火あり。

126 『続日本紀』同年四月十一日条
宮城《みやき》の東の山に火あり。連日《ひつづ》きて滅《き》えず。是《ここ》に、都下《みやこ》の男女、競《きそ》ひ往《ゆ》きて川に臨《のぞ》みて物を埋《う》む。天皇《すめらみこと》、駕《が》を備《まう》けて大丘野《おほをかの》に幸《みゆき》たまはむとす。

127 『続日本紀』同年四月十三日条
夜、微雨《こさめ》ふりて火乃《すなは》ち滅《き》え止《や》む。

128 『続日本紀』同年四月十五日
塩焼《しほやき》王を徴《め》して京《みやこ》へ入《い》らしむ。

129 『続日本紀』同年五月五日条
地震《なゐ》ふる。日夜《よるひる》止《や》まず。是《こ》の日、車駕《きよが》、恭仁宮《くにのみや》に還《かへ》りたまふ。参議従四位下紀朝臣麻呂《きのあそみまろ》を甲賀宮《かふかのみや》の留守《るしゆ》とす。

130 『続日本紀』同年五月九日条

地震《なゐ》ふる。近江《ちかつあふみ》の国民《くにのたみ》一千人を発《いだ》して、甲賀宮《かふかのみや》の辺《あたり》の山の火を滅《け》たしむ。

131 『続日本紀』同年五月十一日条

幣帛《みてぐら》を諸《もろもろ》の陵《みささぎ》に奉《たてまつ》る。是《こ》の時に、甲賀宮《かふかのみや》空《むな》しくして人无《ひとな》し。盗賊《たうぞく》充《み》ち斥《み》ちて、火も亦《また》滅《き》えず。仍《より》て諸司《しよし》と衛門《ゑもん》の衛士《ゑじ》らとを遣《つかは》して、官物《くわんもち》を収《をさ》めしむ。是《こ》の日、平城《なら》へ行幸《みゆき》したまひ、中宮院《ちうくうゐん》を御在所《おましところ》とす。旧《もと》の皇后《おほきさき》の宮《みや》を宮寺《みやでら》とす。諸司の百官《ひやくくわん》、各《おのおの》本曹《もとのつかさ》へ帰《かへ》る。

132 天平十七年（七四五）二月二十八日付「民部省解」（『正倉院文書』続修四十二）

民部省三月粮文

合直丁已下駆使丁已上壱伯陸拾弐人 八十四人直丁、七十八人廝

「今加十九石七斗二升、塩一斗九升七合二夕、布七十八段」

応給米肆拾捌斛漆斗弐升　塩肆斗捌升漆合弐夕　布漆拾捌段

甲賀宮請米卌四石六斗六升日二升、塩四斗四升六合六夕日二夕、布七十一段人別一段

右直丁五人　廝五人　勅旨儲仕丁十人　廝十人　権置民部仕丁卅人　廝廿四人

又今且来越後国仕丁卅二人　廝卅二人　合一百卌八人料 直丁七十七人、廝七十一人

久尓宮(恭仁)請米三石四斗八升日二升、塩三升四合八夕日二夕、布六段人別一段、

右省物守仕丁二人　廝二人　籍守二人　廝二人　鳥守一人　廝一人　瓦屋守一人

廝丁一人　合十二人料 直丁六人、廝六人

難波宮請米五斗八升　塩五合八夕　布一段
　右直丁一人　廝一人　合二人料（直丁一人 廝一人）
以前、来三月廿九箇日料粮、所請如件、
　　　天平十七年二月廿八日史生田辺豊目
　　　　　少録上村主人麻呂
　　　　平群文屋朝臣益人

133 天平十七年四月二十一日付「造宮省移」（『正倉院文書』続々修二十三帙五裏）

造宮省移民部省
合長上工已下火頭已上壱仟参伯陸拾漆〔八〕人
　長上工十四人　史生二人　番上工六十人　直丁三人
　右漆拾玖人、々別日米弐升、塩弐升、
飛騨匠卅二人　廝十二人　焼炭仕丁廿人　衛士七百九十五人
　右捌伯陸拾玖人、々別日米弐升、塩月壱升、
焼炭仕丁之廝十四人　直丁之廝二人　火頭四百三「四」人
　右肆伯拾玖人、々別月布壱段
料米伍伯肆拾玖斛捌斗肆升
　塩玖斛壱斗肆升捌合弐夕

庸布肆伯拾《弐》玖段
請甲加宮（甲賀宮）米伍伯弐拾斛弐斗陸升
　塩捌斛陸斗捌升弐夕
　庸布肆伯拾《弐》玖段
　　右長上工十人　番上工五十九人　飛騨匠卌二人　廝十二人　衛士七百十四人
　　直丁之廝二人　焼炭仕丁之廝十四人　火頭四百三《四》人　合壱仟参伯拾陸人料
請久仁宮（恭仁宮）米弐拾玖斛伍斗捌升
　塩肆斗陸升捌合
　　右長上工四人　史生二人　番上工一人　直丁三人　焼炭仕丁廿人　衛士廿一人
　　合伍拾壱人料
以前、来五月廿九箇日料粮、所請如件、故移、
　　天平十七年四月廿一日録正八位下田辺史「広道」（自署）
　　　丞正六位勲十二等春日蔵首「大市」（自署）
（異筆）「合」
　　（異筆）「勘」
（追筆）「益衛士十五人　火頭一人
損長工一人　番上工三人　飛騨工三人
　　　相折益十六人 衛士十五人、火頭一人

益衛士十五人　火頭八人」

134 『続日本紀』天平二十年（七四八）二月二十二日条

知識《ちしき》の物 進《たてまつ》る人ら外大初位下物部《もののべ》連族子嶋《こしま》・外従六位下田可（甲可か）臣真束《まつか》・外少初位上大友国麻呂・従七位上漆部《ぬりべの》伊波《いは》に並に外従五位下。

135 『東大寺要録』巻二（醍醐寺本）

造寺材木知識記
材木知識五萬一千五百九十人
役夫一百六十六萬五千七十一人
金知識卅七萬二千七十五人
役夫五十一萬四千九百二人
奉加財物人
利波志留志米五千斛　河俣人麿銭一千貫
物部子嶋銭一千貫車十二両牛六頭　甲賀真束銭一千貫
少田根成銭一千貫車一両鍬二百柄　陽侯真身銭一千貫
田辺広浜銭一千貫　板茂真釣銭一千貫
漆部伊波商布二萬端　夜国麿　稲十萬束屋十間倉五十三間栗林二丁　家地三町
自余少財不録之

⑤保良宮

136『続日本紀』天平宝字三年（七五九）六月十八日条

大宰府《だいさいふ》をして行軍式《かうぐんしき》を造《つく》らしむ。新羅《しらき》を伐《う》たむとするを以《もち》てなり。

137『続日本紀』同年八月六日条

大宰帥《だいさいのそち》三品船親王《ふねのみこ》を香椎廟《かしひのみたまや》に遣《つかは》して、新羅を伐つべき状《じやう》を奏《そう》せしむ。

138『続日本紀』同年九月十九日条

船五百艘を造らしむ。北陸道《ほくろくだう》の諸国《くにぐに》には八十九艘。山陰道《せんおむだう》の諸国には一百卌五艘。山陽道《せんやうだう》の諸国には一百六十一艘。南海道《なむかいだう》の諸国には一百五艘。並《ならび》に閑月《かんぐゑつ》を逐《お》ひて営造《ゐやうざう》し、三年の内に功《くう》を成《な》さしむ。新羅を征《う》つ為なり。

139『続日本紀』同年十一月十六日条

造宮輔《ざうくうのすけ》従《じゆ》五位下中臣丸連張弓《なかとみのわにのむらじゆみはり》、越前員外介《こしのみちのくちのゐんぐゑのすけ》従五位下長野連君足《きみたり》を遣《つかは》して、保良宮《ほらのみや》を造らしむ。六位已下《いか》の官《つかさ》五人。

140『続日本紀』天平宝字五年（七六一）正月二十一日条

司門衛督《しもんゑのかみ》正《しやう》五位上粟田朝臣奈勢麻呂《あはたのあそみなせまろ》、礼部少輔《らいぶのせうふ》従五位下藤原朝臣田麻呂ら、六位已下の官《くわん》七人をして、保良京《ほらのきやう》に於《おき》て諸司《もろもろのつかさ》の史生《ししやう》已上《いじやう》の宅地を班《あか》ち給《たま》はしむ。

141 『続日本紀』同年十月十一日条

内舎人《うとねり》正八位上御方広名《みかたのひろな》ら三人に姓を御方宿禰《みかたのすくね》と賜《たま》ふ。また大師《だいし》〔藤原仲麻呂〕に稲一百万束を賜ふ。三品船親王《ふねのみこ》・池田親王に各《おのおの》十万束。正三位石川朝臣年足《としたり》・文室《ふむやの》真人《まひと》浄三《じやうさむ》に各四万束。二品井上内親王《ひめみこ》に十万束。四品飛鳥田内親王、正三位県犬養《あがたいぬかひの》夫人《ぶにん》・粟田王《あはたのおほきみ》・陽侯王《やこのおほきみ》に各四万束。都を保良に遷《うつ》すを以《もち》てなり。

142 『続日本紀』同年十月十三日条

保良宮に行幸《みゆき》したまふ。

143 『続日本紀』同年十月十九日条

近江按察使《ちかつあふみのあんせちし》〔藤原〕御楯《みたて》が第《てい》に幸《みゆき》したまふ。転《めぐ》りて太師《だいし》〔藤原仲麻呂〕が第に幸して、宴飲したまふ。従へる官《くわん》に物を賜ふこと差《しな》有り。歓を極めて罷《や》む。

144 『続日本紀』同年十月二十八日条（十六日の誤記か）

詔《みことのり》して曰《のたま》はく、「平城宮《ならのみや》を改め作る為に、暫《しまら》く移りて近江《ちかつあふみ》国保良宮に御《おは》します。是《ここ》を以《もち》て国司《こくし》の史生《ししやう》已上の事に供《つかへまつ》れる、并《あは》せて造宮使《ざうくうし》藤原朝臣田麻呂らに位階を加へ賜ふ。郡《ぐん》司《じ》には物を賜ふ。当国《そのくに》の百姓《はくせい》と、左右京・大和・和泉・山背《やましろ》等の国との今年《ことし》の田租《でんそ》を免《ゆる》したまふ。また天平宝字五年十月十六日の味爽《よあけ》より已前《さき》の近江国の雑犯《ざふほん》死罪已下、咸悉《ことごと》く赦除《ゆる》せ」とのたまふ。正四位上藤原朝臣御楯に従三位を授《さづ》く。従五位下藤原朝臣田麻呂・巨曾倍《こそべの》朝臣難波麻呂《なにはまろ》・中臣丸連張弓に並《ならび》に従五位上。正六位上椋垣忌寸吉麻呂《くらかきのいみきえまろ》・葛井連根主《ふぢゐのむらじねぬし》に並に外従五位下。是の日、勅《みことのり》して曰《のたま》はく、「朕《われ》思ふ所有りて、北京《ほくきやう》を造らむことを議《はか》る。時の事由《じいう》に縁《よ》りて蹔《しまら》く移りて遊覧するに、この土《ところ》の百姓頗《すこぶ》る差科《さくわ》に労《らう》せり。仁恕《じんじよ》の襟《きむ》、何ぞ矜愍《あはれ》むこと無けむ。都に近き両郡を割《さ》きて、永く畿県《きくゑん》とし、庸《よう》を停《とど》めて調《でう》を輸《いだ》すべし。その数は京に准《なずら》へよ」とのたまふ。

145

『続日本紀』同年十一月十七日条

従四位下藤原恵美朝臣朝狩《ふぢはらのゑみのあさかり》を東海道節度使《とうかいだうせつどし》とす。（中略）その管《つかさど》れる遠江《とほつあふみ》・駿河《するが》・伊豆《いづ》・甲斐《かひ》・相模《さがみ》・安房《あは》・上総《かみつふさ》・下総《しもつふさ》・常陸《ひたち》・上野《かみつけの》・武蔵《むさし》・下野《しもつけの》等の十二国、船一百五十一隻、兵士《ひやうじ》一万五千七百人、子弟《しだい》七十八人、水手《かこ》七千五百廿人を検定《けむじやう》す。数の内二千四百人は肥前国《ひのみちのくち》、二百人は対馬嶋《つしまのしま》なり。従三位百済王敬福《くだらのこにきしきやうふく》を南海道使《なむかいだうし》とす。（中略）紀《き》伊・阿波《あは》・讃岐《さぬき》・伊予《いよ》・土佐《とさ》・播磨《はりま》・美作《みまさか》・備前《きびのみちのくち》・備中《きびのみちのなか》・備後《きびのみちのしり》・安芸《あき》・周防《すはう》等の十二国、船一百廿一隻、兵士一万二千五百人、子弟六十二人、水手四千九百廿人を検定す。正四位下吉備朝臣真備《きびのまきび》を西海道使《さいかいだうし》とす。（中略）筑前《つくしのみちのくち》・筑後《つくしのみちのしり》・肥前《ひのみちのくち》・肥後《ひのみちのしり》・豊前《とよくにのみちのくち》・豊後《とよくにのみちのしり》・日向《ひうが》・大隅《おほすみ》・薩摩《さつま》等の八国、船一百廿一隻、兵士一万二千五百人、子弟六十二人、水手四千九百廿人を検定す。

146

『続日本紀』天平宝字六年（七六二）正月一日条

朝《でう》を廃《や》む。宮室《きうしつ》未だ成らぬを以てなり。

147 『続日本紀』同年二月二十五日条
大師《だいし》藤原恵美《ふぢはらのゑみ》朝臣押勝《おしかつ》〔藤原仲麻呂〕に近江《ちかつあふみ》国浅井・高嶋二郡の鉄穴《てつけつ》各《おのおの》一処を賜《たま》ふ。

148 『続日本紀』同年三月三日条
宮の西南《ひつじさる》に新に池亭《ちてい》を造り、曲水《ごくすい》の宴を設《まう》く。五位已上に禄《ろく》賜ふこと差《しな》有り。

149 『続日本紀』同年三月二十五日条
保良宮の諸殿《みあらか》と屋・垣とを諸国《くにぐに》に分《わか》ち配《くば》りて、一時《ひととき》に功《くう》を就《な》さしむ。

150 『続日本紀』同年五月二十三日条
高野天皇《たかののすめらみこと》〔孝謙太上天皇〕と帝《みかど》〔淳仁天皇〕と、隙《すき》有り。是《ここ》に、車駕《きよが》、平城宮《ならのみや》に還《かへ》りたまふ。帝、中宮院《ちうぐうゐん》に御《おは》しまして、高野天皇は法華寺《ほふくゑじ》に御《おは》します。

151 『続日本紀』天平宝字七年（七六三）八月十八日条
山陽《せんやう》・南海《なむかい》等の道《だう》の諸国《くにぐに》に旱《ひでり》す。両道の節度使を停《とど》む。

152 『続日本紀』天平宝字八年（七六四）七月十七日条
東海道節度使を罷《や》む。

（注）『日本書紀』・『万葉集』・『懐風藻』は日本古典文学大系本（岩波書店刊）、『続日本紀』は新日本古典文学大系本（岩波書店刊）、『家伝』武智麻呂伝は日本思想大系本（岩波書店刊）を、『正倉院文書』は『大日本古文書（正倉院編年文書）』（東京大学出版会刊）を底本とした。『扶桑略記』は新訂増補国史大系本（吉川弘文館刊）を底本として、訓読を加えた。いずれも漢字は常用漢字に改めた。

大津市の歴史的風土保存への主なとりくみ

年		月	大津市		国
昭和	四一年				古都保存法公布・施行
	五四年				近江大津宮錦織遺跡の国指定（史跡）
	五六年				近江大津宮錦織遺跡の追加指定（史跡）
	五九年				近江大津宮錦織遺跡の追加指定（史跡）
	六二年				近江大津宮錦織遺跡の追加指定（史跡）
平成	二年		大津市歴史博物館開館		
	七年		大津市埋蔵文化財調査センター開館		
	一〇年		大津湖岸なぎさ公園完成 大津市坂本伝統的建造物群保存地区を指定		歴史的風土保存審議会から今後の古都保存行政のあり方について意見具申
	一一年		大津市環境基本計画策定		近江大津宮錦織遺跡の追加指定（史跡）
	一二年		大津市緑の基本計画策定		
	一三年		大津市総合計画基本計画策定		
	一四年	四月	都市計画部に都市景観室設置		
		五月	市議会都市景観特別委員会設置		
		七月	大津市都市計画審議会景観形成専門委員会設置・第一回委員会開催 景観プロジェクトチーム（市職員）設置		
		八月		景観セミナー開催	
		九月	第二回景観形成専門委員会開催		
		一〇月		きらッと大津景観絵画・写真展開催 きらッと大津景観シンポジウム開催	
		一一月		光の景観シンポジウム開催	社会資本整備審議会都市計画・歴史的風土分科会歴史的風土部会大津市で開催
		一二月	第三回景観形成専門委員会開催 （第一次報告） 「大津京から連綿と続く歴史的風土の保存について」		近江大津宮錦織遺跡の追加指定（史跡）

	大津市		国
一五年三月	滋賀県知事・大津市長が国土交通大臣に古都指定を要望		
四月	第四回景観形成専門委員会開催		社会資本整備審議会に今後の古都保存行政のあり方について諮問
六月	第五回景観形成専門委員会開催 （第二次報告） 「古都指定に備えた風致景観の保全等について」		歴史的風土部会が大津市の古都指定承認
七月		景観アドベンチャー（夏休み編）開催	大津市の古都指定について国土交通大臣に答申
八月	第六回景観形成専門委員会開催 （第三次報告） 「景観形成の基本的な考え方及び基本条例について」		
一〇月		きらっと大津景観絵画展開催 景観シンポジウム開催	大津市の古都指定を閣議決定・政令公布・施行
一一月		景観アドベンチャー（晩秋編）開催 古都大津・歴史シンポジウム開催	
一二月	第七回景観形成専門委員会開催	景観形成基本条例要綱（案）・基本計画（素案）についての縦覧・市民意見募集	歴史的風土保存区域（案）についての縦覧・市民意見募集
一六年一月			歴史的風土保存区域（案）指定についての説明会実施
二月	第八回景観形成専門委員会開催 （第四次報告） 「古都大津の風格ある景観をつくる基本計画（案）について」		
三月	古都大津の風格ある景観をつくる基本条例制定（予定） 古都大津の風格ある景観をつくる基本計画策定（予定）		

写真・図・表一覧

図1　大津宮中枢部（内裏）推定復原図（林博通復原制作に加筆）／大津市歴史博物館『古代の宮都・よみがえる大津京』展図録（1993年）より。
図2　推定内裏南門復原図（岡田英男復原制作）／大津市歴史博物館『古代の宮都・よみがえる大津京』展図録（1993年）より。
図3　推定内裏正殿復原図（岡田英男復原制作）／大津市歴史博物館『古代の宮都・よみがえる大津京』展図録（1993年）より。
図4　石山国分遺跡の周辺地形図／林博通「保良宮小考」（安井良三博士還暦記念論集『考古学と文化史』（1994年）より。
図5　石山国分遺跡（推定保良宮跡）遺構配置図／大津市教育委員会『石山国分遺跡発掘調査報告書』（2002年）より。
図6　推定保良宮使用瓦拓影／林博通「近江における平城宮式軒瓦の二・三の問題」（『堅田直先生古希記念論文集』（1997年）より。
図7　膳所城下町遺跡と石山国分遺跡の位置と周辺主要遺跡
図8　膳所城下町遺跡の主要遺構配置図／滋賀県教育委員会・㈶滋賀県文化財保護協会『膳所城下町遺跡発掘調査現地説明会資料－聖武天皇の禾津頓宮跡の発見－』（2002年）より。
図9　掘立柱建物（SB１～３）平面図／滋賀県教育委員会・㈶滋賀県文化財保護協会『膳所城下町遺跡発掘調査現地説明会資料－聖武天皇の禾津頓宮跡の発見－』（2002年）より。
図10　紫香楽宮関連遺跡分布図／信楽町教育委員会『宮町遺跡第31次発掘調査現地説明会資料』（2003年）より。
図11　宮町遺跡遺構配置図／信楽町教育委員会『宮町遺跡第31次発掘調査現地説明会資料』（2003年）より。
図12　宮町遺跡「朝堂」周辺の主要遺構配置図／信楽町教育委員会『宮町遺跡第31次発掘調査現地説明会資料』（2003年）より。
図13　近江の渡来系氏族分布図（大橋信弥作図）／大津市歴史博物館『図説大津の歴史』（1999年）より。
図14　神籠石と古代山城の分布
図15　大津宮跡と関連遺跡
図16　錦織第1地点検出遺構（内裏南門と大垣）／滋賀県教育委員会・㈶滋賀県文化財保護協会『錦織遺跡－近江大津宮関連遺跡－』「五二－三地点（第一地点）発掘調査概要」（1992年）より。

図17　錦織第6地点検出遺構（内裏正殿）／滋賀県教育委員会・㈶滋賀県文化財保護協会『錦織遺跡－近江大津宮関連遺跡－』「五七一地点（第六地点）発掘調査概要」（1992年）より。

図18　錦織第16地点検出遺構（正殿北方建物）／滋賀県教育委員会・㈶滋賀県文化財保護協会『錦織・南滋賀遺跡発掘調査概要Ⅶ－付、南郷田中瓦窯跡・石山寺境内遺跡調査概要－』「四－七地点（錦織遺跡）」（1994年）より。

図19　大津宮時代頃の大津北郊の地勢／林博通『大津京跡の研究』思文閣出版（2001年）より。

図20　滋賀県における横穴式石室の３タイプ／『滋賀県の歴史』山川出版社（1997年）より。

図21　大津北郊の穹窿頂持送り式石室（福王子８号墳）／滋賀県教育委員会『滋賀県文化財調査報告書』第４冊（1969年）より。

図22　福王子2号墳出土のミニチュアかまどセット／滋賀県教育委員会『滋賀県文化財調査報告書』第4冊（1969年）より。

図23　切妻大壁造り住居（建物復原：宮本長二郎）／林博通「渡来人の村」（『図説滋賀県の歴史』河出書房新社、1987年）より。

図24　草葺きの宝形造り住居と寄棟造り住居（建物復原：宮本長二郎）／林博通「渡来人の村」（『図説滋賀県の歴史』河出書房新社、1987年）より。

図25　大津市穴太遺跡のオンドル／大津市教育委員会『穴太遺跡（弥生町地区）発掘調査報告』（1989年）より。

図26　近年の「炕」／張慶浩「わが国の暖房施設である温突形式に対する研究」（韓国美術史学会『考古美術』165、1985年）より。

図27　穴太渡来系集落　第2遺構面（６世紀末～７世紀初頭頃）／滋賀県教育委員会・㈶滋賀県文化財保護協会『穴太遺跡発掘調査報告書Ⅱ』（1997年）より。

図28　穴太渡来系集落　第1遺構面（７世紀前半～中葉頃）／滋賀県教育委員会・㈶滋賀県文化財保護協会『穴太遺跡発掘調査報告書Ⅱ』（1997年）より。

図29　穴太廃寺位置図／林博通「穴太廃寺」（『近江の古代寺院』近江の古代寺院刊行会（1989年）より。

図30　穴太廃寺主要伽藍検出遺構／林博通「穴太廃寺」（『近江の古代寺

院』近江の古代寺院刊行会（1989年）より。
図31　南滋賀廃寺の主要伽藍と地形図／滋賀県教育委員会『史跡南滋賀町廃寺跡保存管理計画策定報告書』（1981年）より。
図32　園城寺の初期寺院の予想される範囲／林博通『大津京』ニュー・サイエンス社（1984年）より。
図33　崇福寺跡地形実測図／『滋賀県史蹟調査報告』第十冊「大津京阯（下）」（1941年）より。
図34　大津京内寺院の2系統の軒瓦／林博通『大津京跡の研究』思文閣出版（2001年）より。
図35　高爾山城出土軒丸瓦製作復原模式図／林博通「南滋賀廃寺式軒丸瓦製作技法」（『瓦衣千年　森郁夫先生還暦記念論文集』、1999年）より。
図36　聖武天皇の東国行幸行程図（付、大海人皇子の壬申の乱時の行軍行程）
図37　大津宮時代の主要道図／金田章裕『古代景観史の探究－宮都・国府・地割－』吉川弘文館（2002年）より
図38　長柄豊碕宮の畿内と大津宮の畿内／金田章裕『古代景観史の探究－宮都・国府・地割－』吉川弘文館（2002年）より
図39　七世紀中ごろの朝鮮半島
図40　大津宮関連遺構検出状況／林博通『大津京跡の研究』思文閣出版（2001年）より。
図41　古代の大型掘立柱建物（二面庇を中心に）／滋賀県教育委員会・㈶滋賀県文化財保護協会『膳所城下町遺跡発掘調査現地説明会資料－聖武天皇の禾津頓宮跡の発見－』（2002年）より。
図42　近江国府関連主要遺構／金田章裕『古代景観史の探究－宮都・国府・地割－』吉川弘文館（2002年）より
図43　尼子西遺跡主要遺構図／滋賀県教育委員会・㈶滋賀県文化財保護協会『尼子西遺跡２－犬上郡甲良町尼子出屋敷－』（1998年）より。

表１　古代の宮都表（井上満郎作成）
表２　大津北郊における古代寺院／林博通『大津京跡の研究』思文閣出版（2001年）より。

古都大津・歴史シンポジウム

近江・大津になぜ都は営まれたのか—大津宮・紫香楽宮・保良宮—

発行日／平成16年3月15日

編　著／大津市歴史博物館
滋賀県大津市御陵町2番2号
製　作／サンライズ出版株式会社
滋賀県彦根市鳥居本町655－1
発　行／大津市歴史博物館
発売／サンライズ出版株式会社

ISBN4-88325-252-3 C1021